한국어 초급1 개정판

열려라! 한국어 1

순천향대학교 한국어교육원 지음

초급

보고사
BOGOSA

집필 및 개정

순천향대학교 한국어교육원 강사진 공동집필

일러스트

초판 : 순천향대학교 예술학부 애니메이션전공 이재빈 학생
개정판 : 순천향대학교 영화애니메이션학과 박초은 학생

한국어 초급1 개정판

열려라! 한국어 1

초판 발행 2009년 12월 18일
개정판 발행 2018년 3월 5일

지은이 SCH 순천향대학교 한국어교육원
발행인 김흥국
발행처 도서출판 보고사

등록 1990년 12월 13일 제6-0429호
주소 경기도 파주시 회동길 337-15 보고사 2층
전화 02-922-5120~1(편집), 02-922-2246(영업)
팩스 02-922-6990
메일 kanapub3@chol.com

ISBN 979-11-5516-772-4
979-11-5516-771-7 (세트)

정가 18,000원

음원파일 다운

http://sgee.sch.ac.kr/mp3down
http://www.bogosabooks.co.kr 자료실

머리말

한국어를 배우는 외국인의 수가 나날이 증가하고 있습니다. 이에 맞춰 한국어와 한국문화 교재도 다수 개발되고 있습니다. 이 중 가장 좋은 교재는 교육 여건과 학습자의 특성에 맞게 개발된 것이라 할 수 있습니다. 이미 편찬되어 있는 많은 교재의 장점에도 불구하고, 이번에 본원이 개정판을 출간한 이유입니다.

순천향대학교 한국어교육원에서는 8년 전『한국어 초급1』을 발간하였습니다. 지난 8년 동안『한국어 초급1』은 한국어를 시작하는 많은 학생들에게 길라잡이가 되어 왔지만, 시대 흐름과 교육 환경 변화에 따라 대폭적인 교재 정비 작업이 필요하게 되었습니다. 사례 개발과 어휘 정비, 꼼꼼한 수정 작업, 시범 강의를 거치며 일 년여의 시간을 공들인 끝에 개정판『열려라! 한국어1』을 출간하게 되었습니다.

『열려라! 한국어1』은 무엇보다 한국어를 외국어로 배우는 학생들의 의사소통 능력 신장을 목표로 하였습니다. 어휘를 특성에 따라 재배열함으로써 효과적으로 어휘를 익힐 수 있도록 하였고, 요즘 젊은이들의 일상 모습을 교재 곳곳에 배치함으로써 자연스럽게 말하기 능력이 신장되도록 하였습니다. 또한 통합 교재의 장점을 최대한 살려, 말하기, 듣기, 읽기, 쓰기 능력이 고루 성장될 수 있도록 구성했습니다. 목표어에 대한 지식이 부족한 초급 학습자들이 쉽게 공부할 수 있도록 내용을 시각화하고 명료화하는 데 중점을 둔 점도 본 교재의 큰 장점입니다. 본 교재를 통하여 한국어 학습자들이 좀 더 쉽고 재미있게 공부하고, 강의자 역시 수월하고 효과적으로 가르칠 수 있을 것이라 생각합니다. 이러한 교육이 순천향대학교 한국어교육원이 지향하는 교육 체계와 목표에 부응하도록 했습니다. 의사소통 능력 향상, 통합 교육 체계 지향은 적지 않은 한국어교육원들이 지닌 목표이기도 합니다. 본원의 교재는 이러한 한국어교육원의 교재로도 손색이 없을 것이라 자부합니다.

이 책이 개정되기까지 많은 분들이 노고와 배려를 아끼지 않으셨습니다. 한국어교육원의 발전을 위해 깊은 관심을 보내주신 서교일 총장님, 언제나 애정과 열정으로 애쓰시는 유병욱 국제교류처장님, 교육지원팀 여러분께 진심으로 감사드립니다. 무엇보다 한국어교육원 모든 선생님들의 노고와 헌신, 진심어린 조언이 없었다면 개정판이 완성될 수 없었을 것입니다. 한국어교육원의 모든 선생님들께 깊은 감사를 드립니다. 마지막으로 디자인 및 편집과 출판을 맡아 주신 도서출판 보고사에도 감사의 마음을 전합니다.

한국어 교육의 지속적인 발전을 위해 순천향대학교 한국어교육원도 더욱 노력하겠습니다. 여러분들의 따뜻한 관심과 응원을 부탁드립니다.

2018년 1월

순천향대학교 한국어교육원장 정윤경

일러두기 Introduction 编写说明

1

순천향대학교 '열려라 한국어 1'은 한국어를 배우려는 외국인 초급자들을 위한 기초 단계의 교재로서 '한글 익히기' 및 8개 단원으로 구성되어 있다.

2

본교재의 집필 방향은 아래와 같다.

- 학생들의 의사소통 능력을 신장시키는 것을 주요 목표로 하고 실제 생활과 유사한 여러 가지 활동을 포함한다.
- 통합 교수를 위한 교재로서, 각 단원에서 말하기, 듣기, 읽기, 쓰기의 모든 언어활동 내용을 분별하여 제시한다.
- 정확성과 유창성을 학습의 주요 목표로 삼는다.
- 다양한 예문을 제시하여 문법을 정확하게 이해하고 활용할 수 있도록 한다.
- 내용과 관련 있는 시각적 자료를 충분히 제시하여 학습 내용의 이해를 돕도록 한다.

3

'한글 익히기'는 한글을 이해하기 위한 부분이다. 학습자가 한글을 이해하고 쓸 수 있도록 연습 활동을 제시하였으며, 기본어휘를 제시하여 한국어에 친숙하게 입문할 수 있도록 하였다.

4

각 과의 제목은 주제에 해당하는 명사로 제시하여 배울 내용을 알 수 있도록 하였다.

5

'한글 익히기' 이하 각 단원의 구성은 아래와 같다.

- 도입 및 본문에 이어 말하기, 듣기, 읽기, 쓰기, 말하기 활동 순으로 구성하였다.
- 본문은 전형적인 표현과 기본 문형을 학습자가 익혀야 할 문화 내용을 바탕으로 구성하였다. 본문은 그 자체 학습과 아울러 말하기, 듣기, 읽기, 쓰기의 네 영역 학습을 통해서 영역별로 익힐 수 있도록 구성하였다.
- '말하기'는 본문의 표현과 문법을 말하기 활동을 통해서 익히도록 구성하였다. 초급 교재이므로 말하기의 비중을 높여서 해당 문법 사항이나 표현을 익혀서 말하기 능력으로 활용하도록 하였다.

- 듣기는 본문의 표현과 문법을 듣기 활동을 통해서 학습하고 확인하도록 구성하였다.
- 읽기는 단원의 주제와 관련된 내용으로 본문에서 제시된 문법과 표현을 활용한 글을 읽으며 이해 능력을 기르도록 구성하였다.
- 쓰기 단원에서는 주제와 관련된 글을 제시하였고, 이를 활용하여 직접 써 보는 것으로 표현 능력을 기를 수 있도록 구성하였다. 쓰기 활동은 과제로도 사용할 수 있도록 하였다.
- 말하기 활동은 학습 내용을 총체적으로 활용하는 과제 활동으로 실제 상황과 유사한 상황 속에서 학습자가 주동적으로 말하기 능력을 배양할 수 있도록 구성하였다.
- 단어는 본문에 나오는 단어와 본문 외에 듣기와 읽기, 예문 등에 나오는 단어를 구분하여 제시하였다. 단어의 뜻은 부록 색인에서 번역으로 제시하여 본문에서는 스스로 학습하는 습관을 기르도록 하였다.
- 문법은 많은 예문을 통해 이해할 수 있도록 하였고, 직접 해당 문법 항목을 활용한 문장을 작성하는 방식으로 학습하도록 하였다.
- 문법 설명은 부록에 배치하고, 한중영 3개 국어로 제시하여, 외국인 학습자가 편리하고 정확하게 이해할 수 있도록 배려하였고, 한국인 교사 또한 학습자가 이해하는 문법 내용을 확인할 수 있도록 하였다.

6

본 교재의 문법 항목의 수는 47개이다. 이는 사용 빈도수 및 난이도를 고려하여 선정한 것이다. 단원 배열 순서는 난이도와 사용 빈도 등을 고려하여 배치하였다.

7

본 교재에서 학습할 어휘는 660여 개이다. 빈도수와 난이도를 고려하여 어휘를 선정하였으나 주제와 관련된 어휘는 빈도수가 낮더라도 포함시켰다.

8

중요 표현, 반드시 익혀야 할 문형을 선별하고 '표현'으로 묶어서 중점적으로 익히도록 하고 부록에서 따로 색인으로 제시하여 한꺼번에 볼 수 있도록 하였다.

9

초급에서 필수적으로 익혀야 하는 발음을 명시적으로 제시함으로써 발음 연습을 좀 더 쉽게 할 수 있도록 하였다.

10

부록의 구성은 다음과 같다.

- 모범 답안, 듣기 지문, 문법 설명, 동사 활용표, 찾아보기를 제시하였다.
- 문법 설명과 어휘 색인은 영어 번역과 중국어 번역을 함께 제시하여 사전의 구실도 함께 할 수 있도록 했다.
- 찾아보기에는 표현, 어휘, 문법을 따로 제시하고 본문의 페이지와 부록의 페이지를 같이 제시하였다.

목차

Contents 目录

교재 구성 Scope and Sequence 教材结构

단원 lesson	0	1	2	3
단원명 Topic	발음	인사 Greetings 问候	위치 Location 位置	물건 사기 Shopping 购买
기능 및 표현 Function and Expression	한글 익히기 Learning the Hanguel	인사하기 / 소개하기 격식체 표현 Greetings / Introducing oneself Formal expression	위치 묻고 대답하기 장소 묻고 대답하기 Asking for a location and place and replying	수 읽기 가격 묻고 대답하기 물건 사기 단위 의존명사 익히기 명령형 표현 Reading numbers Asking for prices and replying Shopping Learning quantifier Giving orders
문법 Grammar	연음법칙	은/는 입니다/입니까? -ㅂ니다/습니다 -ㅂ니까?/습니까? 도	이/가 (이/가) 아니다 에(1) 하고	에(2) 에(3) 을/를 에서 수관형사 단위명사 -(으)십시오
어휘 Vocabulary	발음 연습 어휘	국가, 직업 Countries Jobs	사물(1), 위치 Things(1) Location	사물(2), 숫자, 수관형사 Things(2) Numbers Numerical pre-nominals
활동 Activity	한글 읽기 한글 쓰기 Reading and Writing Hanguel	처음 만난 사람과 인사하기 명함을 만들고 자기소개하기 Greet someone you are meeting for the first time Make name card and introduce oneself	물건 위치 묻기 약도 그리고 위치 말하기 Ask about locations of objects Draw an outline map and talk about locations	가게에서 물건 사기 Buy things at a store

4	5	6	7	8
하루 일과 Daily Life 日课	생일 Birthday 生日	음식 Food 饮食	가족 Family 家族	약속 Appointments
시간 말하기 비격식체 표현 Stating the time Informal expression	날짜 말하기 요일 말하기 과거 표현 부정 표현 명령형 표현 Stating the date and a days of the week Expression for the past tense Negative expression Giving orders	의견 묻기 부정 표현 음식 주문하기 Asking options Negative expression Ordering food	존대 표현 비교 표현 가족 소개 나열/순서 표현 Expressing honorific words Comparative expression Introducing family members Expression of sequence and arrange	의견 묻기 청유 표현 추측 표현 전화 걸고 대답하기 약속 정하기 Asking options Making a suggestion Expression of guessing Making and answering telephone calls Making appointments
–아요/어요/여요 예요/이에요 에(4) 와/과 (같이/함께)	–었/았/였– 안 + A/V '–(으)세요' 에게 들	'ㅂ' 불규칙 –지 않다 –고 싶다 –겠– –지만	–(으)시– –(이)시– 께서 –고 (이)고 보다 'ㅡ' 탈락 –네요	–(이)지요? –아/어 주다 –(으)ㄹ 거예요 –(으)ㄹ까요? –아/어/여요 (이)랑 'ㄹ' 탈락
일과 표현 동사 Verbs related to daily life	월, 날짜, 요일 Months Dates Days of the week	음식, 맛 어휘, 'ㅂ' 불규칙 용언 Foods Taste	가족 호칭 'ㅡ' 탈락 용언 Family	전화 통화 어휘, 'ㄹ' 탈락 용언 Vocabulary related to telephone calls
하루 일과 쓰고 말하기 Talk and write about daily routines	달력의 날짜와 요일 읽고 말하기 생일카드 쓰기 Read and talk about the dates and a days of the week on the calendar Write a birthday card	음식 메뉴 결정하기 식당에서 음식 주문하기 Order food from a menu Order food at a restaurant	가족 소개하기 Introduce one's family members	전화 걸기 전화 걸어 약속하기 Make telephone calls Make appointments by telephone

한글 익히기 I

모음 (Vowels/21개) [1]

ㅏ	ㅓ	ㅗ	ㅜ	ㅡ	ㅣ	ㅐ	ㅔ
[a]	[eo]	[o]	[u]	[eu]	[i]	[ae]	[e]
ㅑ	ㅕ	ㅛ	ㅠ			ㅒ	ㅖ
[ya]	[yeo]	[yo]	[yu]			[yae]	[ye]
ㅘ	ㅝ		ㅟ	ㅢ	ㅚ	ㅙ	ㅞ
[wa]	[weo]		[wi]	[eui]	[oe]	[wae]	[we]

▶An individual vowel in Korean can have its own sound. When it is not used with a consonant, but used by a vowel only, 'ㅇ', which does not have any phonetic value, is attached before a vowel.

ㅏ (①↓ ②→)	[a]	아						
ㅓ (①→ ②↓)	[eo]	어						

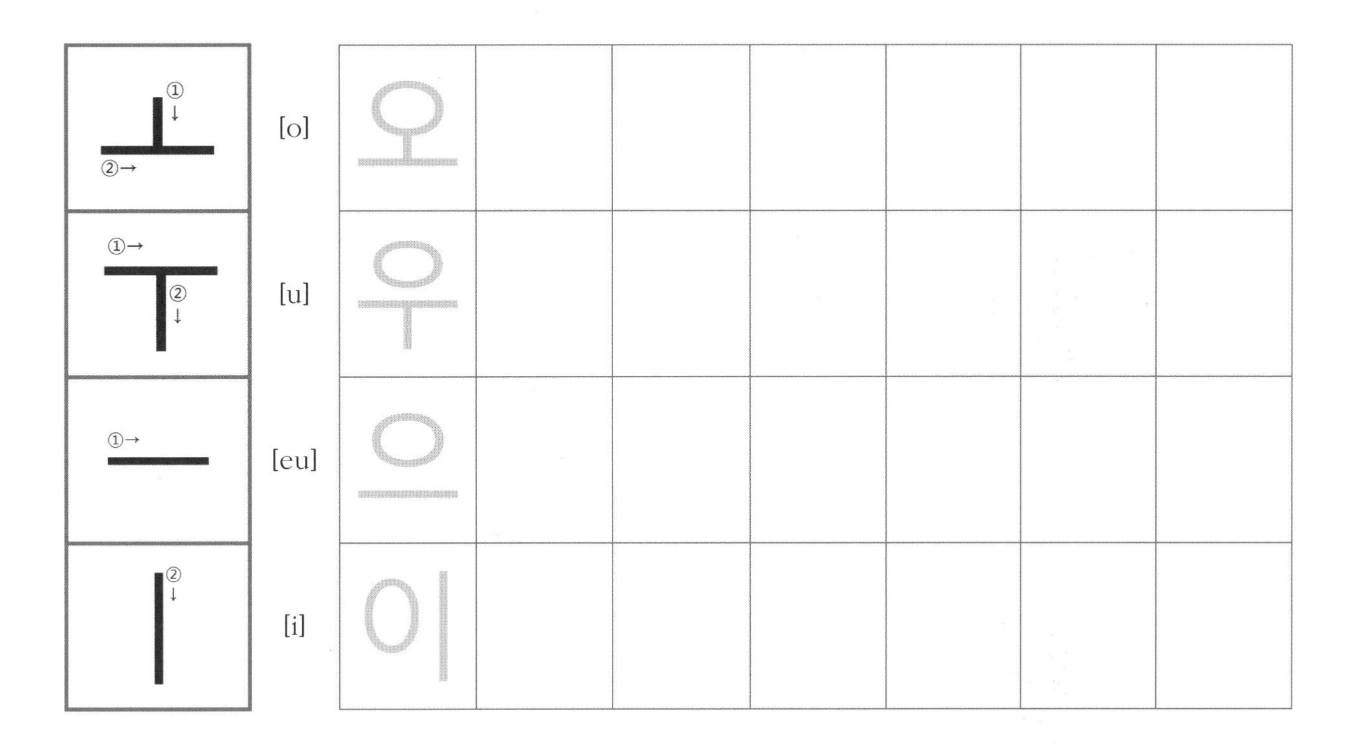

입 모양 (Mouth shape)

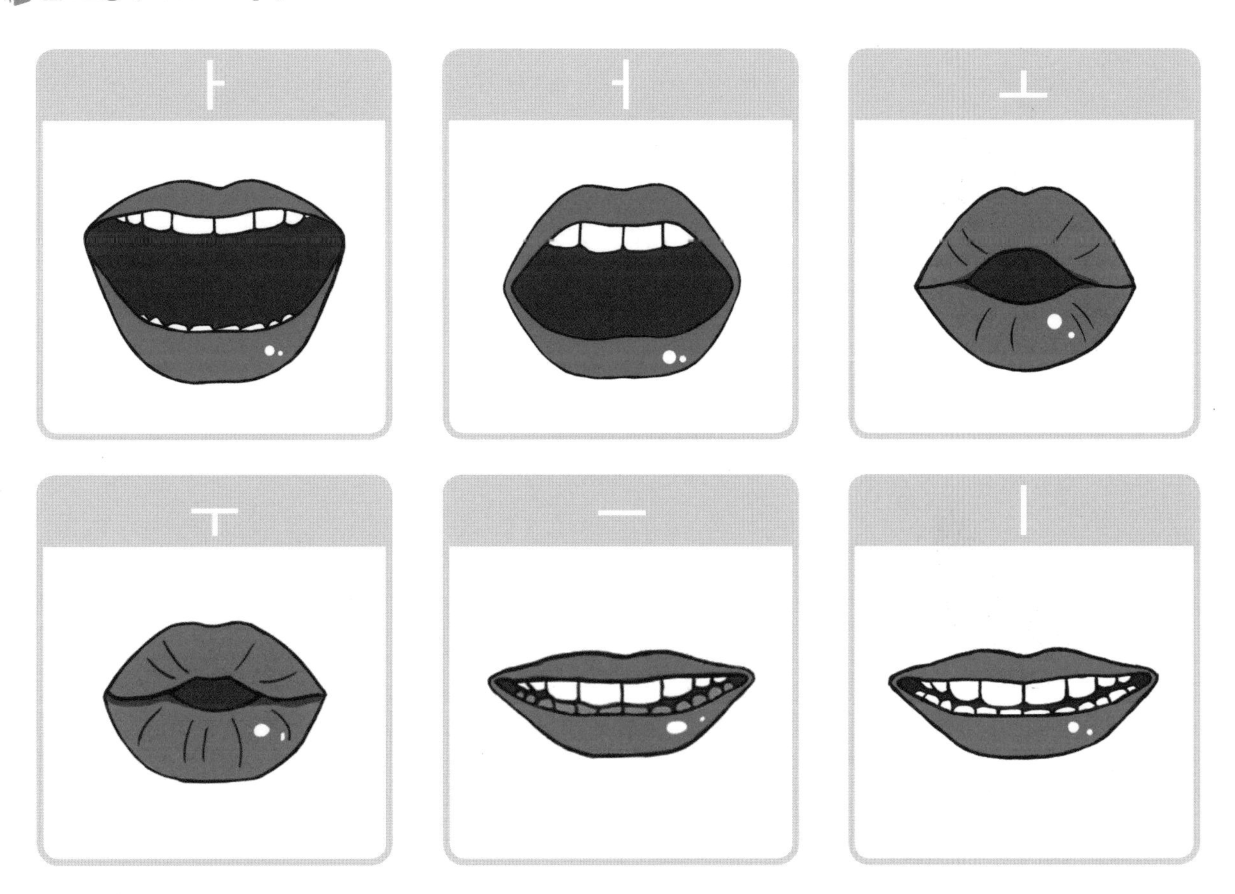

읽고, 쓰십시오. (Please read and write.)

1		이		이		이		이	
2		오		오		오		오	
3		아	이	아	이	아	이	아	이
4		오	이	오	이	오	이	오	이

다음을 잘 듣고 맞는 것을 고르십시오. (Please listen carefully and choose the correct pronunciation.)

1) ① 아 ② 오 ③ 우
2) ① 오 ② 아 ③ 이
3) ① 이 ② 오 ③ 으
4) ① 우 ② 어 ③ 오
5) ① 우 ② 오 ③ 으
6) ① 어 ② 우 ③ 오

▶ The basic vowels 'ㅏ', 'ㅓ', 'ㅗ' and 'ㅜ' are combined with the [y] sound and there forms changed into 'ㅑ', 'ㅕ', 'ㅛ' and 'ㅠ'. So the sounds of 'ㅑ', 'ㅕ', 'ㅛ' and 'ㅠ' are [ya], [yeo], [yo] and [yu], respectively.

읽고, 쓰십시오. (Please read and write.)

1		우	유	우	유	우	유	우	유
2		여	우	여	우	여	우	여	우
3		요	요	요	요	요	요	요	요
4		유	아	유	아	유	아	유	아

빈칸에 쓰십시오. (PLease fill in the blanks.)

ㅏ	ㅑ	ㅓ	ㅕ	ㅗ	ㅛ	ㅜ	ㅠ	ㅡ	ㅣ
아	야	어	여	오	요	우	유	으	이

자음 (Consonants/19개) [2]

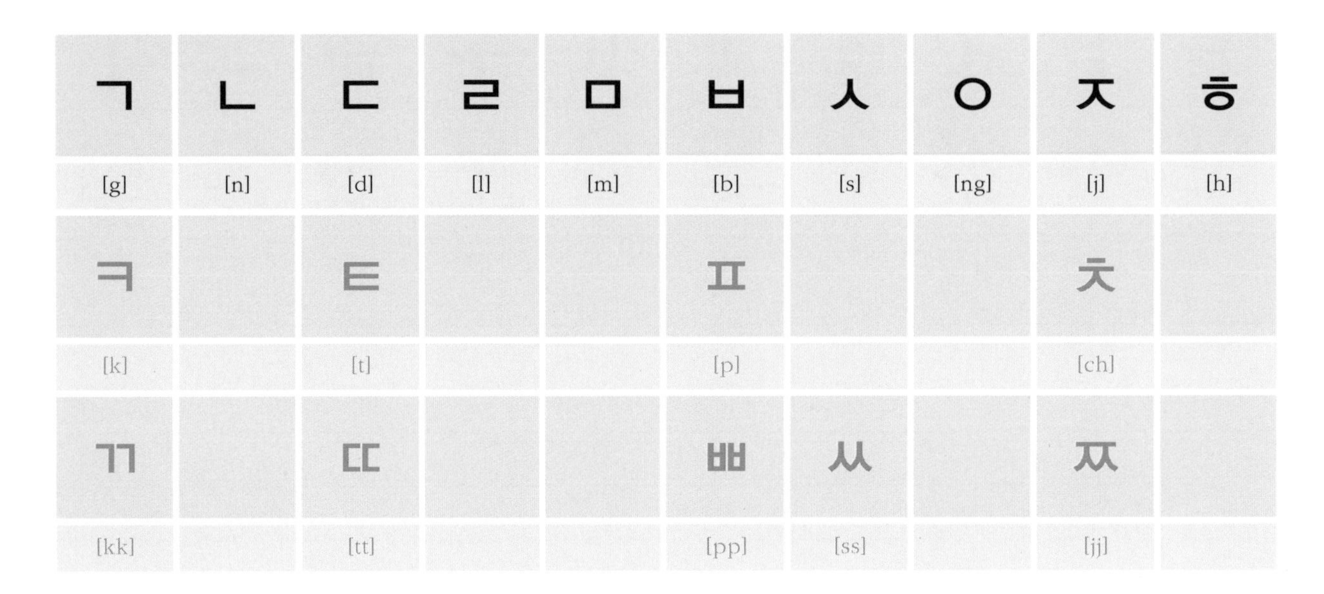

ㄱ	ㄴ	ㄷ	ㄹ	ㅁ	ㅂ	ㅅ	ㅇ	ㅈ	ㅎ
[g]	[n]	[d]	[l]	[m]	[b]	[s]	[ng]	[j]	[h]
ㅋ		ㅌ			ㅍ			ㅊ	
[k]		[t]			[p]			[ch]	
ㄲ		ㄸ			ㅃ	ㅆ		ㅉ	
[kk]		[tt]			[pp]	[ss]		[jj]	

▶ A consonant can have a sound when it is used together with a vowel.

▶ 'ㅇ' has no sound value as an initial consonant, but it is pronounced [ng] as a final consonant.

ㄱ ①	[g]	ㄱ							
ㄴ ①	[n]	ㄴ							
ㄷ ① ②	[d]	ㄷ							
ㄹ ① ② ③	[l]	ㄹ							
ㅁ ① ② ③	[m]	ㅁ							
ㅂ ① ② ③ ④	[b]	ㅂ							

ㅅ	[s]	ㅅ							
ㅇ	[ng]	ㅇ							
ㅈ	[j]	ㅈ							
ㅎ	[h]	ㅎ							

읽고, 쓰십시오. (Please read and write.)

1		가수		2		나무	
3		다리		4		소고기	
5		아기		6		하마	

7		모자		8	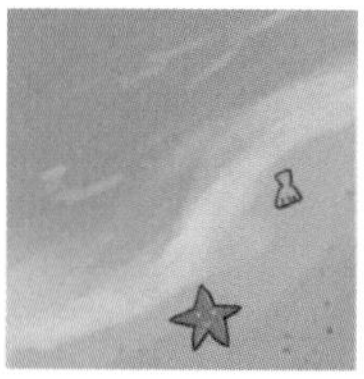	바다	
9		나비		10		지구	
11		비누		12		구두	

다시 한 번 듣고 쓰십시오. (Please listen again and write the words in the order as you hear them.)

교사	⇨	비누	⇨		⇨	
	⇨		⇨		⇨	

다음 단어를 읽고 쓰십시오. (Please read the following words and write.)

이마(forehead) 나이(age) 누나(elder sister) 우리(we)
어머니(mother) 아버지(father) 너무(too much) 여자(woman)
유리(glass) 모자(hat) 요리(cooking) 주머니(pocket)

Word		Practice							
이	마								
나	이								
누	나								
우	리								
너	무								
여	자								
유	리								
모	자								
요	리								
어머니									
아버지									
주머니									

문제1 **잘 듣고, 맞는 것을 고르십시오.** (Please listen and choose the words you hear.)

(1) ① 야	② 어	③ 요
(2) ① 우	② 으	③ 이
(3) ① 나	② 너	③ 누
(4) ① 아이	② 오이	③ 아우
(5) ① 아기	② 어가	③ 우기
(6) ① 가구	② 고기	③ 거기
(7) ① 오리	② 우리	③ 이리
(8) ① 노루	② 나라	③ 나리
(9) ① 두르다	② 드디어	③ 도리어
(10) ① 기러기	② 그리기	③ 그리고

문제2 **잘 듣고 같으면 ㅇ, 다르면 × 하십시오.**

(Please listen and write ○ if he words below are correct or × if they are incorrect.)

(1) 고리 (　　)　　(2) 더러 (　　)　　(3) 거리 (　　)

(4) 드리고 (　　)　　(5) 누리다 (　　)

문제3 **잘 듣고 쓰십시오.** (Please listen and complete the following words.)

(1) 다 ________　　(2) ________ 기

(3) 누 ________　　(4) ________ 자

(5) ________ 니

한글 익히기 2

모음-2

ㅏ	ㅓ	ㅗ	ㅜ	ㅡ	ㅣ	ㅐ	ㅔ
[a]	[eo]	[o]	[u]	[eu]	[i]	[ae]	[e]
ㅑ	ㅕ	ㅛ	ㅠ			ㅒ	ㅖ
[ya]	[yeo]	[yo]	[yu]			[yae]	[ye]
ㅘ	ㅝ		ㅟ	ㅢ	ㅚ	ㅙ	ㅞ
[wa]	[weo]		[wi]	[eui]	[oe]	[wae]	[we]

▶ The vowels 'ㅐ' and 'ㅔ' are pronounced fairly similar in modern Korean. But when you pronounce the vowel 'ㅐ', you should open your mouth a little wider than when pronouncing the vowel 'ㅔ'.

▶ The vowels 'ㅒ' and 'ㅖ' are also pronounced fairly similar. When pronouncing the vowel 'ㅒ', you should also your mouth a little more than when pronouncing the vowel 'ㅖ'.

▶Although the 'ㅐ/ㅔ' and 'ㅒ/ㅖ' have the similar pronunciation, you should pay attention to their spelling because they can change the meaning of a word.

▶The Korean vowel 'ㅘ' is a combined pronunciation of 'ㅗ' and 'ㅏ'. To pronounce 'ㅘ', you form your mouth to say 'ㅗ' but end in 'ㅏ'.

ㅘ	[wa]	와							
ㅝ	[weo]	워							
ㅟ	[wi]	위							
ㅢ	[ui]	의							

▶The pronunciation of ‘ㅙ’ starts with the sound ‘ㅗ’ and ends with ‘ㅐ’. In the similar way, ‘ㅞ’ starts with the sound of ‘ㅜ’ and ends ‘ㅔ’. The pronunciations of ‘ㅚ’, ‘ㅙ’, and ‘ㅞ’ are not distinguishable even among Koreans, so they are distinguishable only by their spellings.

빈칸에 쓰십시오. (PLease fill in the blanks.)

ㅐ	ㅔ	ㅒ	ㅖ	ㅘ	ㅝ	ㅟ	ㅢ	ㅚ	ㅙ	ㅞ
애	에	얘	예	와	워	위	의	외	왜	웨

읽고, 쓰십시오. (Please read and write.)

1		개		2		돼지	
3	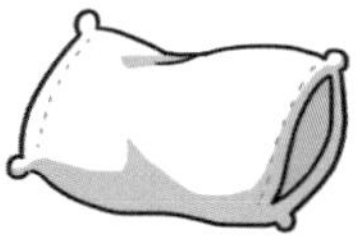	베개		4		시계	
5		회사		6		사과	
7		쥐		8		가위	
9		의사		10		의자	

11		배우		12		화가	
13		과자		14		귀	
15		개미		16	SCH SOTRE	가게	
17		교재		18	WHY?	왜	
19		요리사		20		여자	

21		야구		22		세계	
23		해		24		더워요	

다시 한 번 듣고 쓰십시오. (Please listen again and write the words in the order as you hear them.)

여자	⇨	베개	⇨		⇨	
	⇨		⇨		⇨	

자음-2

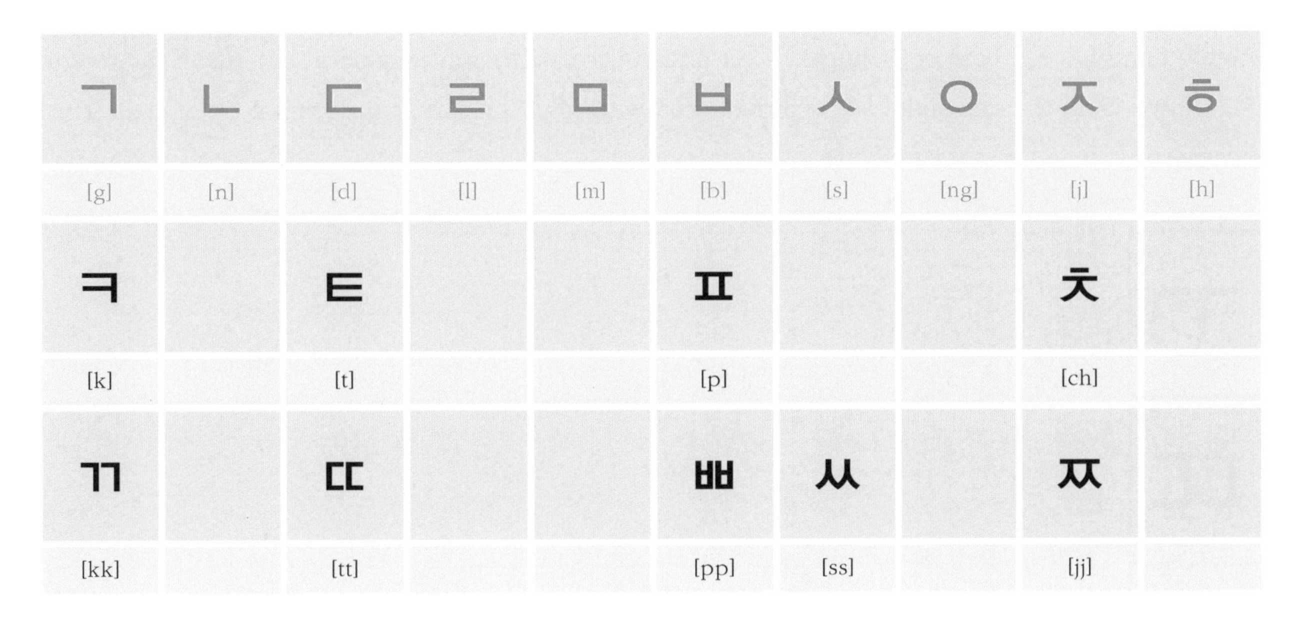

ㄱ	ㄴ	ㄷ	ㄹ	ㅁ	ㅂ	ㅅ	ㅇ	ㅈ	ㅎ
[g]	[n]	[d]	[l]	[m]	[b]	[s]	[ng]	[j]	[h]
ㅋ		ㅌ			ㅍ			ㅊ	
[k]		[t]			[p]			[ch]	
ㄲ		ㄸ			ㅃ	ㅆ		ㅉ	
[kk]		[tt]			[pp]	[ss]		[jj]	

▶The consonants 'ㅋ', 'ㅌ', 'ㅍ', and 'ㅊ' have aspirated sounds, which originate from 'ㄱ', 'ㄷ', 'ㅂ', and 'ㅈ' but with stronger and aspirated sounds.

▶The following five consonants are glottalized consonants and are derived from 'ㄱ', 'ㄷ', 'ㅂ', 'ㅅ', and 'ㅈ'. The 'ㄲ', 'ㄸ', and 'ㅃ' consonants are pronounced with high tension at the root of the tongue and glottis. These consonants 'ㅆ' is pronounced with high tension at the tip of the tongue and glottis. And the consonant 'ㅉ' is pronounced with high tension at the frontal tip of the tongue and glottis.

ㄲ	[kk]	ㄲ							
ㄸ	[tt]	ㄸ							
ㅃ	[pp]	ㅃ							
ㅆ	[ss]	ㅆ							
ㅉ	[jj]	ㅉ							

빈칸에 쓰십시오. (Please fill in the blanks.)

	ㅏ	ㅑ	ㅓ	ㅕ	ㅗ	ㅛ	ㅜ	ㅠ	ㅡ	ㅣ
ㄱ	가	갸	거	겨	고	교	구	규	그	기
ㄴ		냐								
ㄷ			더							
ㄹ				러						
ㅁ					모					
ㅂ						뵤				
ㅅ							수			
ㅈ								쥬		
ㅊ									츠	
ㅋ										키
ㅌ										
ㅍ										
ㅎ										

읽고, 쓰십시오. (Please read and write.)

1		까치		2		뼈	
3		커피		4		포도	
5		코		6		토마토	
7		치마		8		코끼리	
9		뿌리		10		파리	
11		타조		12		꼬리	
13		머리띠		14		쓰레기	
15		찌개		16		토끼	

다시 한 번 듣고 쓰십시오.(Please listen again and write the words in the order as you hear them.)

코	⇨	포도	⇨		⇨	
	⇨		⇨		⇨	

문제1 다음을 듣고 맞는 것을 고르십시오. (Please listen and choose the words you hear.)

(1) ① 아 ② 어 ③ 오

(2) ① 에 ② 예 ③ 왜

(3) ① 바도 ② 파도 ③ 빠도

(4) ① 자요 ② 차요 ③ 짜요

(5) ① 의사 ② 의자 ③ 위자

문제2 다음을 듣고 맞는 것을 고르십시오. (Please listen and choose the syllable that completes each word.)

(1) □ 요 ① 자 ② 차 ③ 짜

(2) □ 드 ① 가 ② 카 ③ 까

(3) 뽀 □ ① 보 ② 포 ③ 뽀

(4) 기 □ ① 자 ② 차 ③ 짜

(5) □ 요 ① 다 ② 타 ③ 따

(6) □ 끼 ① 도 ② 토 ③ 또

(7) □ 리 ① 부 ② 푸 ③ 뿌

문제3 다음을 듣고 쓰십시오. (Please listen and complete the following words.)

(1) ____________________ (2) ____________________

(3) ____________________ (4) ____________________

(5) ____________________ (6) ____________________

한글 익히기 3

Syllable Structure

▶ In the Korean language, a consonant[C] and a vowel[V] compose a syllable.

▶ The Korean syllables are as follows:

① **V** : (ex) 아, 야, 어, 여, 오, 요……

② **C + V** : (ex) 사, 디, 라, 비, 차, 코……

③ **V + C** : (ex) 암, 옷, 열, 윈, 잉, 앨……

④ **C + V + C** : (ex) 슬, 람, 신, 방, 각, 잡……

▶ The consonants on the end of a Korean orthographic syllable is called a "batchim." These batchims only have seven phonetic values which are ㄱ, ㄴ, ㄷ, ㄹ, ㅁ, ㅂ, ㅇ.

▶ A single syllable word with batchim is pronounced with the following rules.

	syllables-final consonant	Pronunciation	Example
1	ㄱ, ㅋ, ㄲ	ㄱ [k]	학교, 부엌, 밖
2	ㄴ	ㄴ [n]	손, 문, 인사
3	ㄷ, ㅌ, ㅅ, ㅆ, ㅈ, ㅊ, ㅎ	ㄷ [t]	듣다, 끝, 옷, 샀다, 낮, 꽃, 하얗다
4	ㄹ	ㄹ [l]	아들, 딸, 할머니
5	ㅁ	ㅁ [m]	김치, 감자, 선생님
6	ㅂ, ㅍ	ㅂ [p]	밥, 집, 앞, 숲
7	ㅇ	ㅇ [ng]	강, 시장, 공항

받침 batchim

▶The final consonants 'ㄱ', 'ㅋ', and 'ㄲ' are all pronounced same as [ㄱ]. For example, '박', '밬', and '밖' are pronounced same as [박].

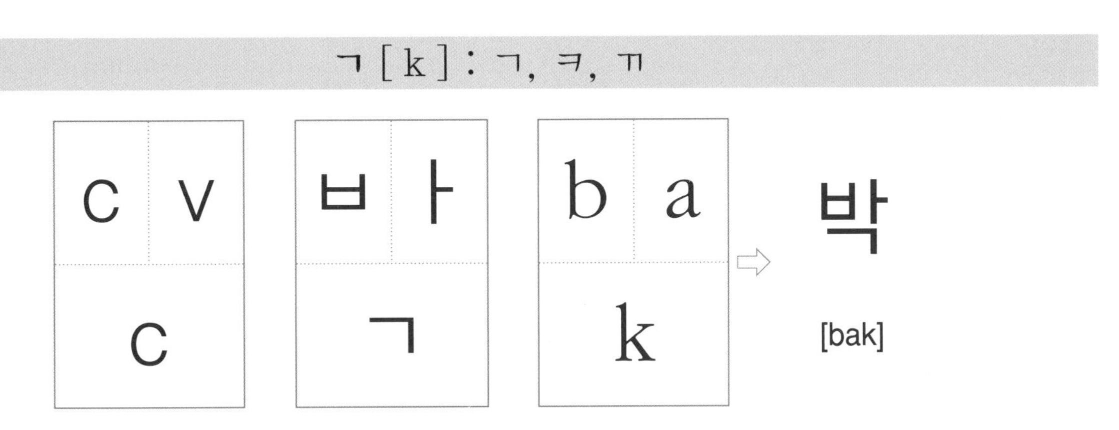

▶The sound values of final consonants 'ㄴ', 'ㄹ', and 'ㅁ' are same as when they are at the initial position. So each is pronounced as [n], [l], and [m] respectively.

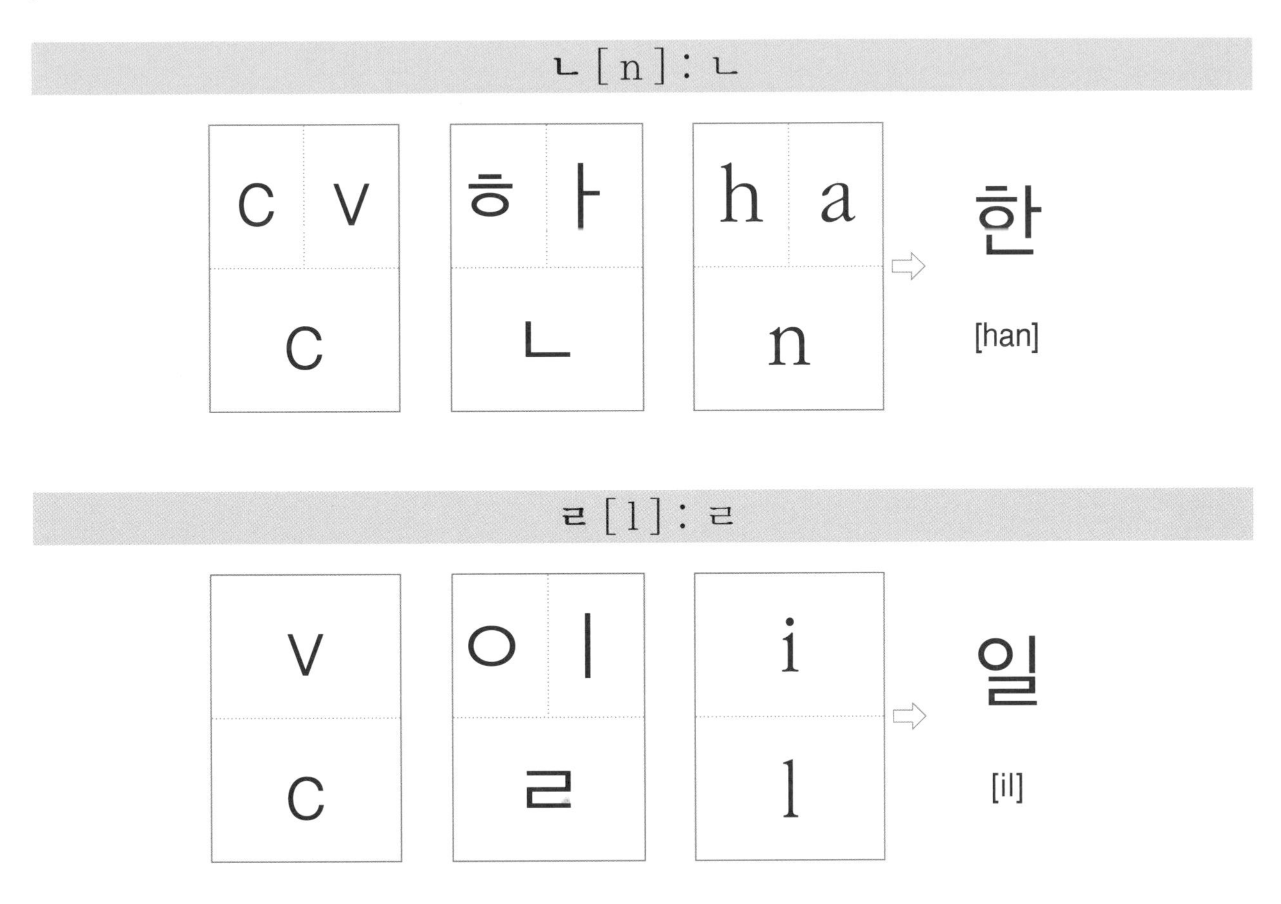

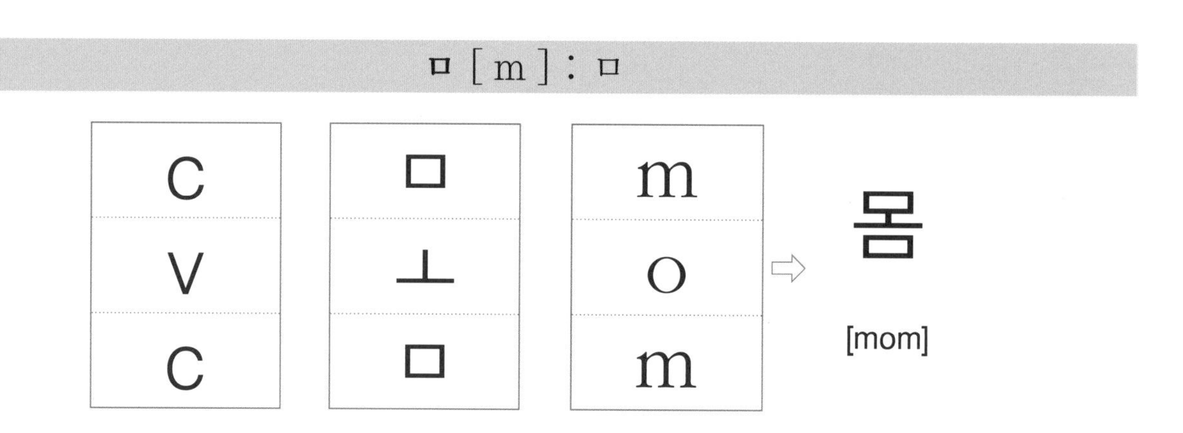

▶When they are used as the final consonant, 'ㄷ', 'ㅌ', 'ㅅ', 'ㅆ' 'ㅈ', 'ㅊ', and 'ㅎ' produce the same sound, [t]. In other words, '낟', '낱', '낫', '났', '낮', '낯', and '낳' are all pronounced identically as [낟].

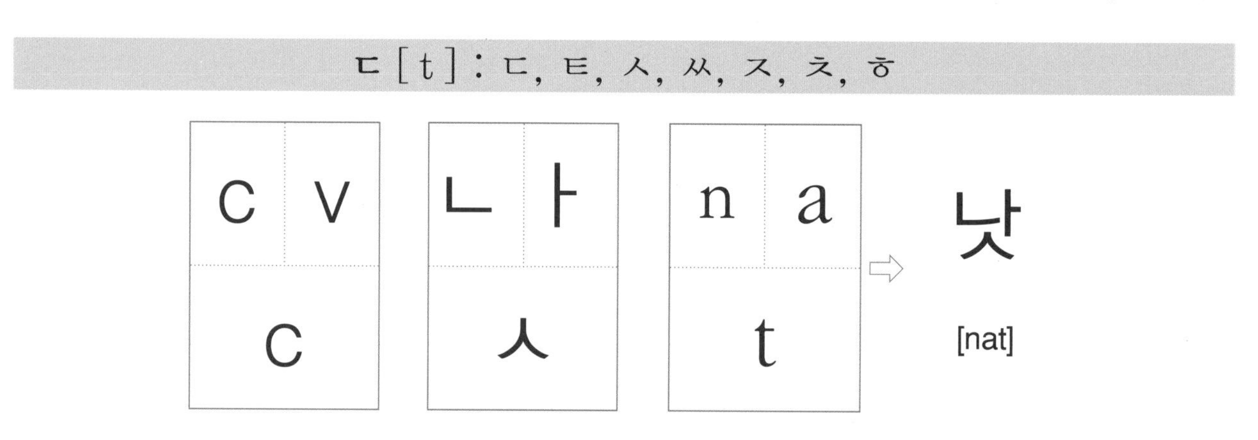

▶The final consonants 'ㅂ' and 'ㅍ' have the same sound value [ㅂ]. For example, both '집' and '짚' are pronounced [집].

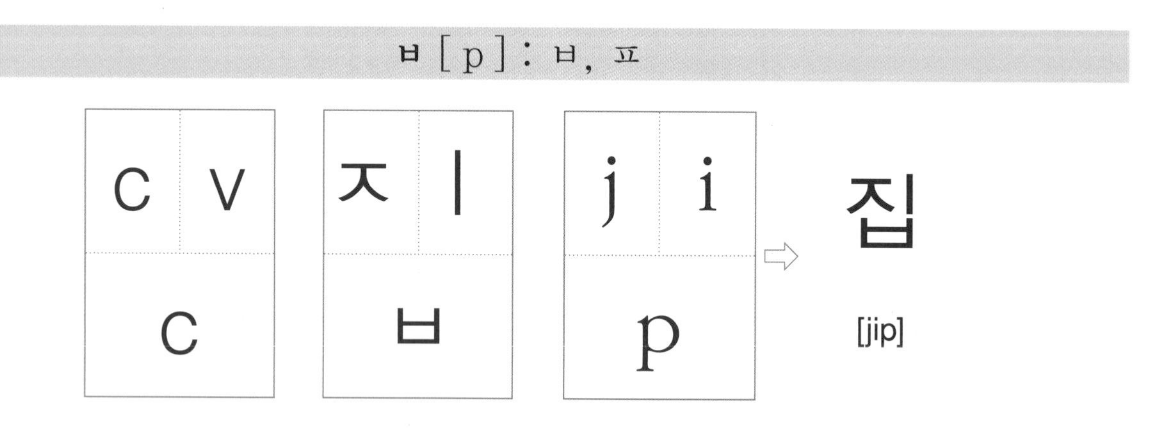

▶'ㅇ' is pronounced as [ng], in case that it is placed below the vowel as a final consonant.

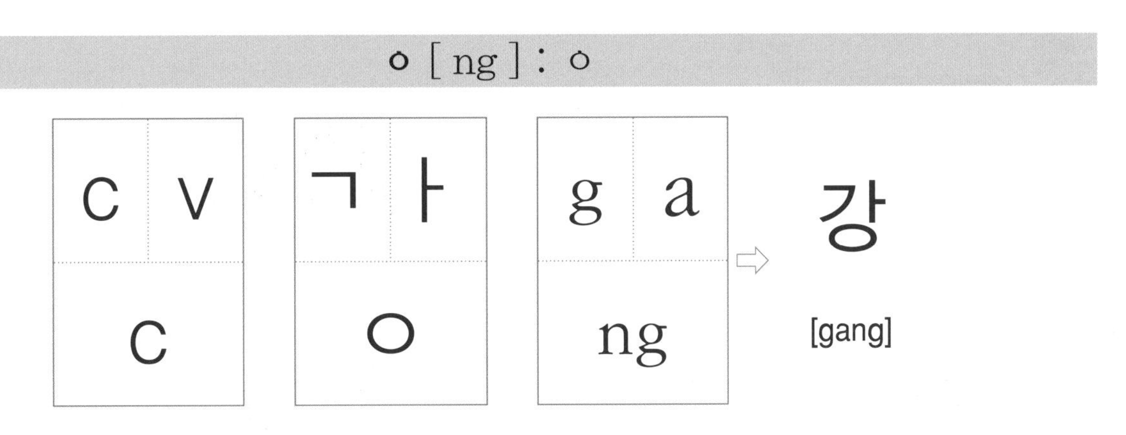

글자를 만들어 보십시오. (Please practice making syllables.)

야	ㄱ	⇨	약	약		
바	ㄲ	⇨	밖	밖		
자	ㄴ	⇨	잔	잔		
마	ㅅ	⇨	맛	맛		
나	ㅈ	⇨	낮	낮		
꼬	ㅊ	⇨	꽃	꽃		
바	ㅌ	⇨	밭	밭		
기	ㄹ	⇨	길	길		
추	ㅁ	⇨	춤	춤		
빠	ㅇ	⇨	빵	빵		

읽고, 쓰십시오. (Please read and write.)

No.	Picture	Word		No.	Picture	Word	
1		선생님		2		과일	
3		비빔밥		4	가 나 다	한국어	
5		운동화		6		음악	
7	순천향대학교 SOON CHUN HYANG UNIVERSITY SCH	순천향대학교		8		택시	
9		가방		10		휴대폰	
11		컴퓨터		12		꽃	

번호	단어		번호	단어	
13	김치		14	방	
15	산		16	등산	
17	칠판		18	병원	
19	은행		20	옷	
21	식당		22	이름	
23	한복		24	학교	

겹받침 읽기

	글 자	소 리
1	ㄳ	[ㄱ]
2	ㄵ	[ㄴ]
3	ㄼ	[ㄹ/ㅂ]
4	ㄽ	[ㄹ]
5	ㄾ	[ㄹ]
6	ㅄ	[ㅂ]
7	ㄶ	[ㄴ]
8	ㅀ	[ㄹ]
9	ㄺ	[ㄱ]
10	ㄻ	[ㅁ]
11	ㄿ	[ㅂ]

연습

1. 삯[삭] 넋[넉] 몫[목]

2. 앉다[안따] 앉아[안자]

3. 넓다[널따] 넓어[널버] 여덟[여덜]
   *밟다[밥따] 넓둥글다[넙뚱글다] 넓죽하다[넙쭈카다]

4. 곬[골]

5. 핥다[할따] 핥아[할타]

6. 없다[업따] 없어[업써 값[갑]

7. 않다[안타] 많다[만타] 많아[마나]

8. 잃다[일타] 잃어[이러]

9. 읽다[익따] 맑다[막따] 흙[흑]
   〈ㄺ+ㄱ = ㄺ→ㄹ〉
   읽어[일거] 읽고[일꼬] 맑아[말가] 맑고[말꼬]

10. 젊다[점따] 젊어[절머] 삶[삼]

11. 읊다[읍따] 읊어[을퍼]

다시 한 번 듣고 쓰십시오. (Please listen again and write the words in the order as you hear them.)

은행	⇨	서울	⇨		⇨	
	⇨		⇨		⇨	

다음을 읽으십시오. (Please read the following words.)

눈(eye)	손(hand)	문(door)	돈(money)	산(mountain)
물(water)	달(moon)	별(star)	밤(night)	곰(bear)
공(ball)	강(river)	양(sheep)	서울(Seoul)	사랑(love)
사람(human)	고양이(cat)	강아지(puppy)	텔레비전(TV)	인터넷(internet)

아래 단어를 찾으십시오. (Please find the following word search below.)

① 가족	② 나이	③ 국적	④ 성격
⑤ 직업	⑥ 성별	⑦ 이름	⑧ 주소
⑨ 회사	⑩ 취미	⑪ 번호	⑫ 학교

가	학	교	책	성	격	주	소
직	족	나	이	름	해	취	미
업	안	모	사	아	성	별	국
회	사	모	번	호	리	창	적

문제1 잘 듣고, 맞는 것을 고르십시오. (Please listen and check the words you hear.)

(1)	곰	공	(2)	영어	연어
(3)	거울	겨울	(4)	언제	어제
(5)	버섯	버선	(6)	한국	항구
(7)	사람	사랑	(8)	삼치	참치
(9)	아래	아내	(10)	못	목

문제2 노래를 듣고 빈칸에 들어갈 말을 고르십시오. (Please listen the song and check the words you hear.)

□ 세 마리가	[곰, 곤, 검]
□ 집에 있어	[항, 함, 한]
아빠 곰 엄마 곰 아기 곰	
아빠 곰은 □□ 해	[뚱, 뚠, 똔]
엄마 곰은 □ 씬해	[놀, 난, 날]
아기 곰은 너무 귀여워	
으□ 으□ 잘한다	[쑤, 쓱, 썩]

요일 (Days of the week)

단어(Word)			연습(Practice)								
월	요	일	월	요	일						
화	요	일	화	요	일						
수	요	일	수	요	일						
목	요	일	목	요	일						
금	요	일	금	요	일						
토	요	일	토	요	일						
일	요	일	일	요	일						

연음법칙 (Liaison rule)

▶It's about a phenomena of pronunciation that consonant of previous syllable moves to the next syllable and replaces the vowel.

음악 [으막]	책을 [채글]
읽어 [일거]	한국어 [한구거]
월요일 [워료일]	들으세요 [드르세요]

나라 (Names of countries)

단어(Word)			연습(Practice)									
한	국		한	국								
중	국		중	국								
미	국		미	국								
인	도		인	도								
독	일		독	일								
일	본		일	본								
호	주		호	주								
영	국		영	국								
베	트	남	베	트	남							
프	랑	스	프	랑	스							

캐	나	다	캐	나	다						
러	시	아	러	시	아						
브	라	질	브	라	질						
인	도	네	시	아							

외래어 (Borrowed words)

1		넥타이		2		메뉴	
3		바나나		4		버스	
5		볼펜		6		슈퍼마켓	
7		콜라		8		커피	

9		컴퓨터		10		택시	
11		컵		12		호텔	

[교실에서 쓰는 말] Favorite idioms in classroom

한국어	영어	모국어
책을 펴세요.	Please open your book.	
책을 보세요.	Please look at the book.	
휴대폰을 보지 마세요.	Please don't look at your mobile phone.	
잘 들으세요.	Please listen carefully.	
듣고 따라 하세요.	Please repeat after me.	
읽으세요.	Please read.	
쓰세요.	Please write down.	
쓰지 마세요.	Please don't write.	
대답하세요.	Please answer.	
외우세요.	Please memorize.	
알아요?	Do you understand?	
알아요.	I understand.	
몰라요.	I don't understand.	
질문 있어요?	Do you have any questions?	
질문 있어요.	I have a question.	
잘했어요.	You did good.	
무슨 뜻이에요?	What does this mean?	
숙제예요.	It's homework.	
고마워요.	Thank you.	
다음에 만나요.	See you next time.	

모음 Vowels/元音

한국 모음의 기초는 '·, ㅡ, ㅣ' 3자로 각각 하늘(·), 땅(ㅡ), 사람(ㅣ)을 상징, 이 3개 자모가 결합하여 10개의 기본모음을 형성한다.

The foundation of Korean vowel are ·, ㅡ, and ㅣ: each of them symbolize heaven, earth, and humankind respectively. These three fundamental vowels form the 10 basic vowels.

韩国语元音由"·、ㅡ、ㅣ"构成，分别象征天、地、人、依此可组成10个基本元音。

양성모음 / Positive vowel / 阳性元音			음성모음 / Negative vowel / 阴性元音		
ㅏ	ㅣ + ·	태양이 동쪽에서 뜨는 모습 sunrising shape from east 太阳从东方升起的样子	ㅓ	· + ㅣ	태양이 서쪽으로 지는 모습 sunseting shape to west 太阳从西方落下的样子
ㅗ	· + ㅡ	태양이 지평선 위로 올라오는 모습 sunrising shape above the horizon 太阳从地平线上升起的样子	ㅜ	ㅡ + ·	태양이 지평선 아래로 지는 모습 sunseting shape below the horizon 太阳从地平线上下落的样子

자음 Consonants/辅音

자음은 목, 입 혀 따위의 발음 기관의 장애를 받으면서 소리가 나며, 모음과 결합해야 발음이 된다. 자음은 음성기관의 모습을 본 뜬 5개의 자음을 기초로 한다.

Consonant makes a sound from organic obstacle such as throat, mouth, and tongue, and it operates right when it combines with a vowel. Consonants have 5 basic letters that are similar in shape to vocal organs.

辅音是气流受声带、嘴唇及舌阻碍而发出的声音。辅音需与元音结合才可发声。韩国语辅音字母是模仿发音器官外形而创制的、共分为5个基本辅音。

ㄱ

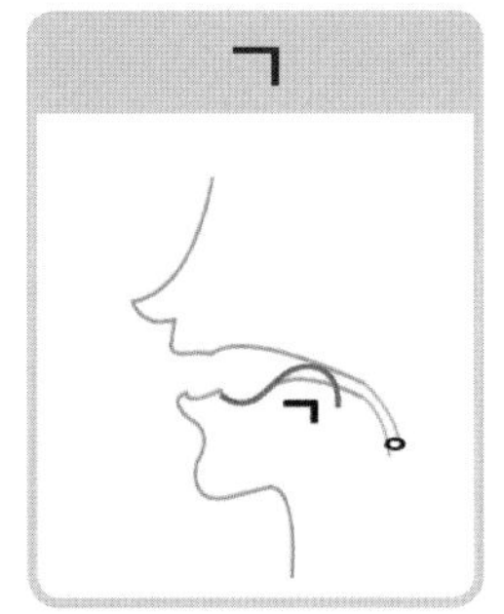

ㄴ

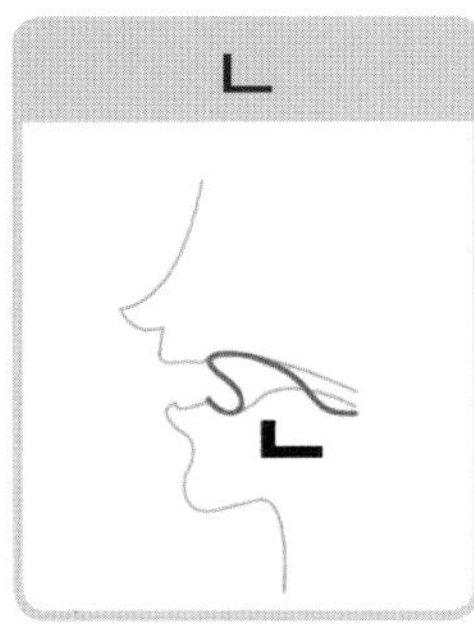

ㅁ

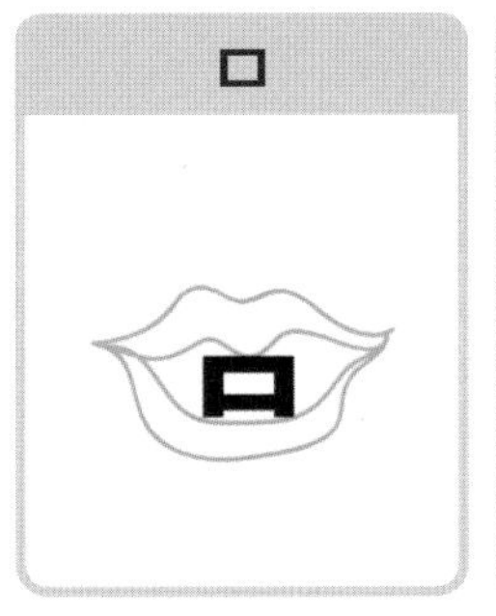

ㅅ

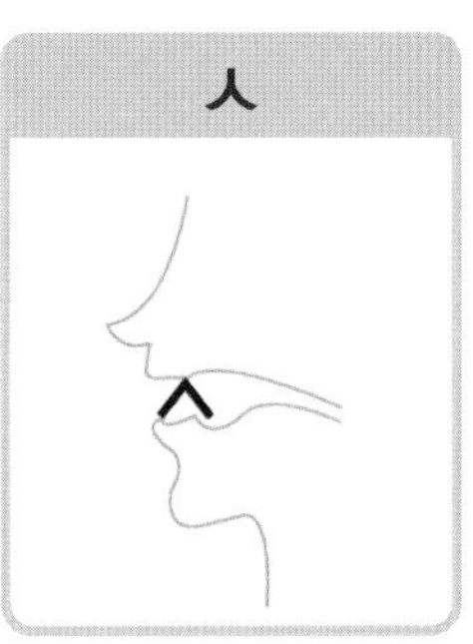

ㅇ

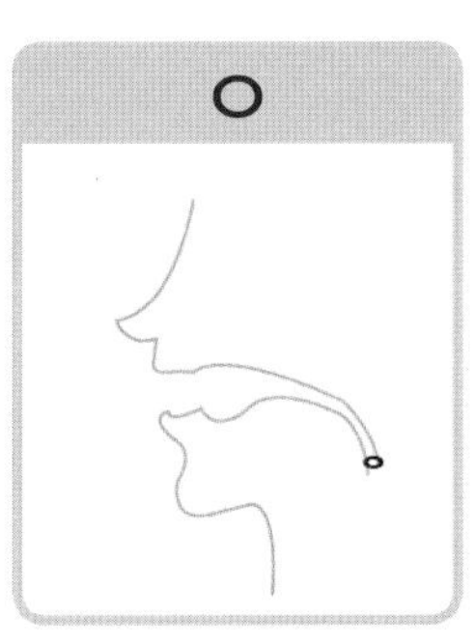

등장인물

김정아
한국, 대학생

이상민
한국, 대학생

왕동동
중국, 한국 유학생

장나나
중국, 한국 유학생

카잉
베트남, 회사원

마이클
미국, 한국 유학생

아사코
일본, 한국 유학생

솔롱고
몽골, 한국 유학생

도입

1. 인사를 해 보십시오.
2. 어떻게 인사를 합니까?

1과

인사

본문 1

김정아　안녕하세요?

왕동동　안녕하세요?

김정아　저는 김정아입니다.

왕동동　저는 왕동동입니다.

김정아　만나서 반갑습니다.

왕동동　만나서 반갑습니다.

표현

- 안녕하세요?
- 저는 김정아입니다.
- 만나서 반갑습니다.

본문 2

마이클　제 이름은 마이클입니다.

장나나　제 이름은 장나나입니다.
　　　　마이클 씨는 어느 나라 사람입니까?

마이클　저는 미국 사람입니다.
　　　　장나나 씨는 어느 나라 사람입니까?

장나나　저는 중국 사람입니다. 만나서 반갑습니다.

표현

- 제 이름은 마이클입니다.
- 저는 중국 사람입니다.
- 장나나 씨는 어느 나라 사람입니까?

본문 3

카 잉　안녕하세요? 저는 카잉입니다.

솔롱고　안녕하세요? 저는 솔롱고입니다.

카 잉　저는 베트남 사람입니다. 솔롱고 씨는 몽골 사람입니까?

솔롱고　네, 저는 몽골 사람입니다.

카 잉　솔롱고 씨는 학생입니까?

솔롱고　네, 저는 학생입니다. 카잉 씨도 학생입니까?

카 잉　아니요, 저는 회사원입니다.

- 카잉 씨도 학생입니까?

- 이름은 [이르믄]
- 사람입니다 [사라밈니다]
- 반갑습니다 [반갑씀니다]
- 학생입니다 [학쌩임니다]

본문어휘

네	아니요	나라	몽골	미국	중국	베트남
사람	이름	학생	회사원	어느	저	제
씨	만나다	반갑다				

어휘 +

대학교	대학생	무엇	성별	직업	친구	한국어교육원
가다	감사하다	고맙다	괜찮다	먹다	미안하다	보다
신다	씻다	앉다	오다	인사하다	읽다	입다
자다	죄송하다	하다				

① 다음 〈보기〉와 같이 이야기하십시오.

〈보기〉

김정아　이상민

정아 : 안녕하세요?
상민 : 네, 안녕하세요?
정아 : 저는 김정아입니다.
상민 : 저는 이상민입니다.

❶ 박서영 / 최준서　　❷ 강수빈 / 조동혁
❸ 니콜라이 / 흐엉　　❹ 사지타 / 압둘라
❺ 솔롱고 / 다나카　　❻ 존슨 / 아사코

② 다음 〈보기〉와 같이 이야기하십시오.

〈보기〉

정아 : 이름이 무엇입니까?
동동 : 제 이름은 왕동동입니다.
정아 : 제 이름은 김정아입니다.
동동 : 만나서 반갑습니다.

__________ : ______________________________

__________ : ______________________________

__________ : ______________________________

__________ : ______________________________

③ 다음 〈보기〉와 같이 이야기하십시오.

〈보기〉

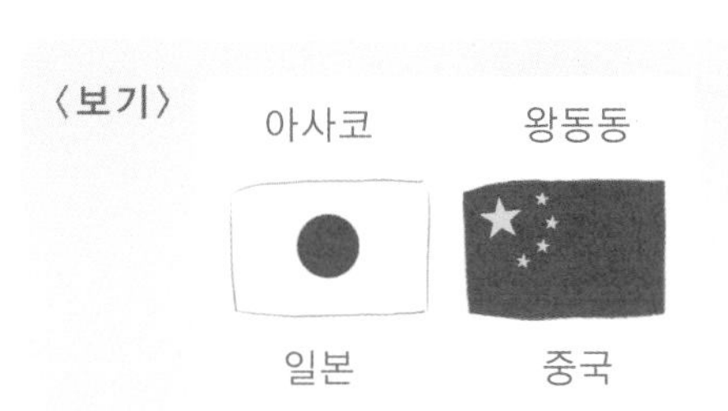

왕동동 : 아사코 씨는 어느 나라 사람입니까?
아사코 : 저는 일본 사람입니다.
왕동동 씨는 어느 나라 사람입니까?
왕동동 : 저는 중국 사람입니다.
아사코 : 만나서 반갑습니다.

❶ 마이클/미국 아사코/일본

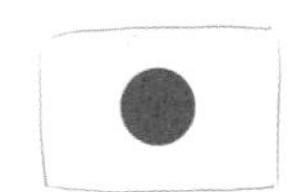

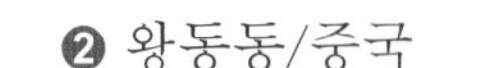
❷ 왕동동/중국 솔롱고/몽골

❸ 카잉/베트남 엘리나/러시아

❹ 김정아/한국 베컴/영국

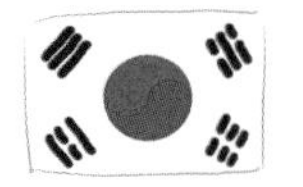

나라 이름★

한국	중국	일본	몽골	베트남
필리핀	태국	인도	이집트	사우디아라비아
미국	캐나다	영국	프랑스	독일
러시아	우즈베키스탄	호주	멕시코	브라질

④ 다음 〈보기〉와 같이 이야기하십시오.

〈보기〉

① 카잉, 회사원
솔롱고, 학생

가 : 저는 카잉입니다. 저는 회사원입니다.
나 : 저는 솔롱고입니다. 저는 학생입니다.

② 왕동동, 학생
솔롱고, 학생

가 : 저는 왕동동입니다. 저는 학생입니다.
나 : 저는 솔롱고입니다. 저도 학생입니다.

❶ 최영우, 의사 / 강현수, 의사
❷ 박서영, 간호사 / 강성희, 은행원
❸ 마이클, 대학생 / 앙흐체책, 대학생
❹ 아사코, 경찰 / 왕동, 공무원

⑤ 다음 〈보기〉와 같이 이야기하십시오.

〈보기〉

① 정아 / 학생
네

정아 씨는 학생입니까?
네, 저는 학생입니다.

② 상민 / 회사원
아니요, 학생

상민 씨는 회사원입니까?
아니요, 저는 학생입니다.

① 현수 / 의사? ② 수호 / 선생님? ③ 준서 / 요리사? ④ 민수 / 경찰?

⑥ 다음 〈보기〉와 같이 이야기하십시오.

〈보기〉

김정아
안녕하세요?
저는 김정아입니다.
학생입니다.
만나서 반갑습니다.

솔롱고
안녕하세요?
제 이름은 솔롱고입니다.
저는 몽골 사람입니다.
만나서 반갑습니다.

장나나
안녕하세요?
저는 장나나입니다.
중국 사람입니다.
학생입니다.

카잉
안녕하세요?
저는 카잉입니다.
저는 베트남 사람입니다.
회사원입니다.

이름 :	이름 :

⑦ 다음 <보기>와 같이 이야기하십시오.

듣기

1 다음 대화를 듣고 맞는 것을 고르십시오.

❶ 김정은 – 대학생, 이상민 – 회사원　　❷ 김정아 – 선생님, 김상민 – 대학생

❸ 김정아 – 대학생, 이상민 – 대학생　　❹ 김정은 – 대학생, 김상민 – 대학생

2 다음 대화를 듣고 맞는 것을 고르십시오.

아사코		왕동동	
❶ 일본	❷ 중국 	❶ 한국 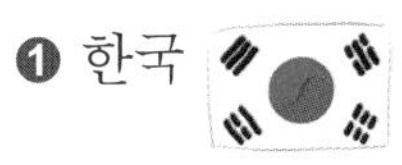	❷ 중국 
❸ 한국	❹ 베트남 	❸ 몽골 	❹ 일본 

3 다음 대화를 듣고 맞는 것을 고르십시오.

1)

이름 :	❶ 마이클	❷ 니콜라이	❸ 레이첼
나라 :	❶ 일본	❷ 한국	❸ 미국
직업 :	❶ 회사원	❷ 대학생	❸ 의사

2)

이름 :	❶ 이석민	❷ 이승민	❸ 이상민
나라 :	❶ 미국	❷ 한국	❸ 일본
직업 :	❶ 의사	❷ 회사원	❸ 대학생

4 다음을 듣고 쓰십시오.

1)	2)	3)	4)
이름 :	이름 :	이름 :	이름 :
나라 :	나라 :	나라 :	나라 :
직업 :	직업 :	직업 :	직업 :
성별 :	성별 :	성별 :	성별 :

듣기

5) 다음 대화를 듣고 맞은 것을 고르십시오.

1) 2)  3)  4)

6) 다음을 듣고 같으면 O, 다르면 X 하십시오.

1) ( )

2) ( )

3) ( )

4) ( )

1 아래 명함을 보고 이름과 직업을 쓰십시오.

1)

순천향대학교
SOON CHUN HYANG UNIVERSITY
SCH

순천향대학교
전 경 민
교수

Tel : 041) 530-3050 fax 041-530-1381
(우)336-745 충남 아산시 신창면 읍내리 646
www.sch.ac.kr / beiping2008@hanmail.net

2)

경 찰

아산시
김 민 수
경찰

Tel : 010-2349-2799
(우)336-745 충남 아산시 신창면 읍내리 646
www.sch.ac.kr / insecretgarden@hotmail.com

3)

순천향대학교병원
SCH

최 성 우
의사

Tel : 02) 709-9114 fax 02) 709-3687
(우)140-743 서울시 용산구 한남동 657
www.schuh.ac.kr / sooksunji@hotmaill.com

4)

KB Kookmin Bank

국 민 은 행
최 은 영
은행원

Tel : 041) 561-3211
(우)330-010 충청남도 천안시 대흥동 10-4
http://bank.kbstar.com/ vuive@naver.com

1)	2)	3)	4)
이름 :	이름 :	이름 :	이름 :
직업 :	직업 :	직업 :	직업 :

② 다음을 읽고 물음에 답하십시오.

안녕하세요?
저는 왕동동입니다. 한국어교육원 학생입니다. 저는 중국 사람입니다.
제 친구 장나나 씨도 한국어교육원 학생입니다.
장나나 씨도 중국 사람입니다.

1) 왕동동 씨 친구는 학생입니까?

❶ 네 ❷ 아니요

2) 왕동동 씨는 어느 나라 사람입니까?

❶ 중국 ❷ 미국 ❸ 베트남 ❹ 몽골

3) 왕동동 씨 친구는 어느 나라 사람입니까?

❶ 중국 ❷ 미국 ❸ 베트남 ❹ 몽골

4) 왕동동 씨 친구 이름은 무엇입니까?

❶ 류환 ❷ 장나나 ❸ 왕동동 ❹ 최은영

5) 위 내용을 간단히 쓰십시오.

	나	친구
이름		
나라		
직업		

쓰기

1 다음 〈보기〉와 같이 쓰십시오.

〈보기〉

이름	박서영
나라	한국
직업	학생

안녕하세요?
저는 박서영입니다
한국 사람입니다.
저는 순천향대학교 학생입니다.
만나서 반갑습니다.

이름	
나라	
직업	

안녕하세요?

말하기 활동

①

왕동동 : 안녕하세요? 저는 왕동동입니다.
솔롱고 : 안녕하세요? 저는 솔롱고입니다.
왕동동 : 솔롱고 씨는 어느 나라 사람입니까?
솔롱고 : 저는 몽골 사람입니다.
　　　　왕동동 씨는 일본 사람입니까?
왕동동 : 아니요, 저는 중국 사람입니다.
　　　　솔롱고 씨는 학생입니까?
솔롱고 : 네, 저는 학생입니다.
왕동동 : 저도 학생입니다.
솔롱고 : 만나서 반갑습니다.
왕동동 : 만나서 반갑습니다.

1) 위와 같이 이야기하십시오.

● 상미 : 한국	제인 : 미국	학생
● 앙하 : 몽골	왕영영 : 중국	의사
● 사지타 : 인도	흐엉 : 베트남	선생님

2) 위와 같이 반 친구들과 인사하십시오.

② 명함을 만드십시오. 그리고 친구와 인사하십시오.

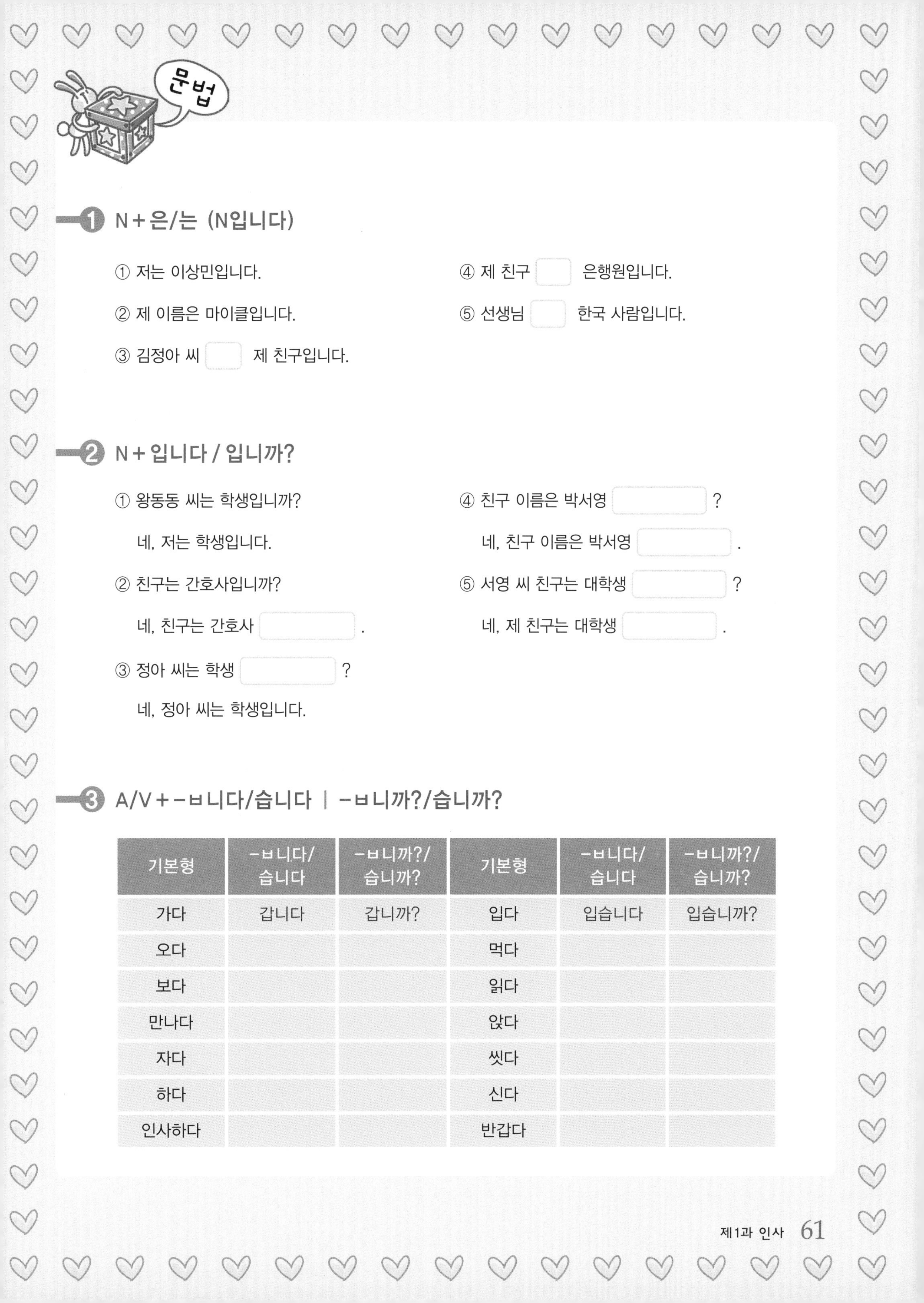

1 N + 은/는 (N입니다)

① 저는 이상민입니다.

② 제 이름은 마이클입니다.

③ 김정아 씨 [ ] 제 친구입니다.

④ 제 친구 [ ] 은행원입니다.

⑤ 선생님 [ ] 한국 사람입니다.

2 N + 입니다 / 입니까?

① 왕동동 씨는 학생입니까?

네, 저는 학생입니다.

② 친구는 간호사입니까?

네, 친구는 간호사 [ ].

③ 정아 씨는 학생 [ ]?

네, 정아 씨는 학생입니다.

④ 친구 이름은 박서영 [ ]?

네, 친구 이름은 박서영 [ ].

⑤ 서영 씨 친구는 대학생 [ ]?

네, 제 친구는 대학생 [ ].

3 A/V + -ㅂ니다/습니다 | -ㅂ니까?/습니까?

기본형	-ㅂ니다/ 습니다	-ㅂ니까?/ 습니까?	기본형	-ㅂ니다/ 습니다	-ㅂ니까?/ 습니까?
가다	갑니다	갑니까?	입다	입습니다	입습니까?
오다			먹다		
보다			읽다		
만나다			앉다		
자다			씻다		
하다			신다		
인사하다			반갑다		

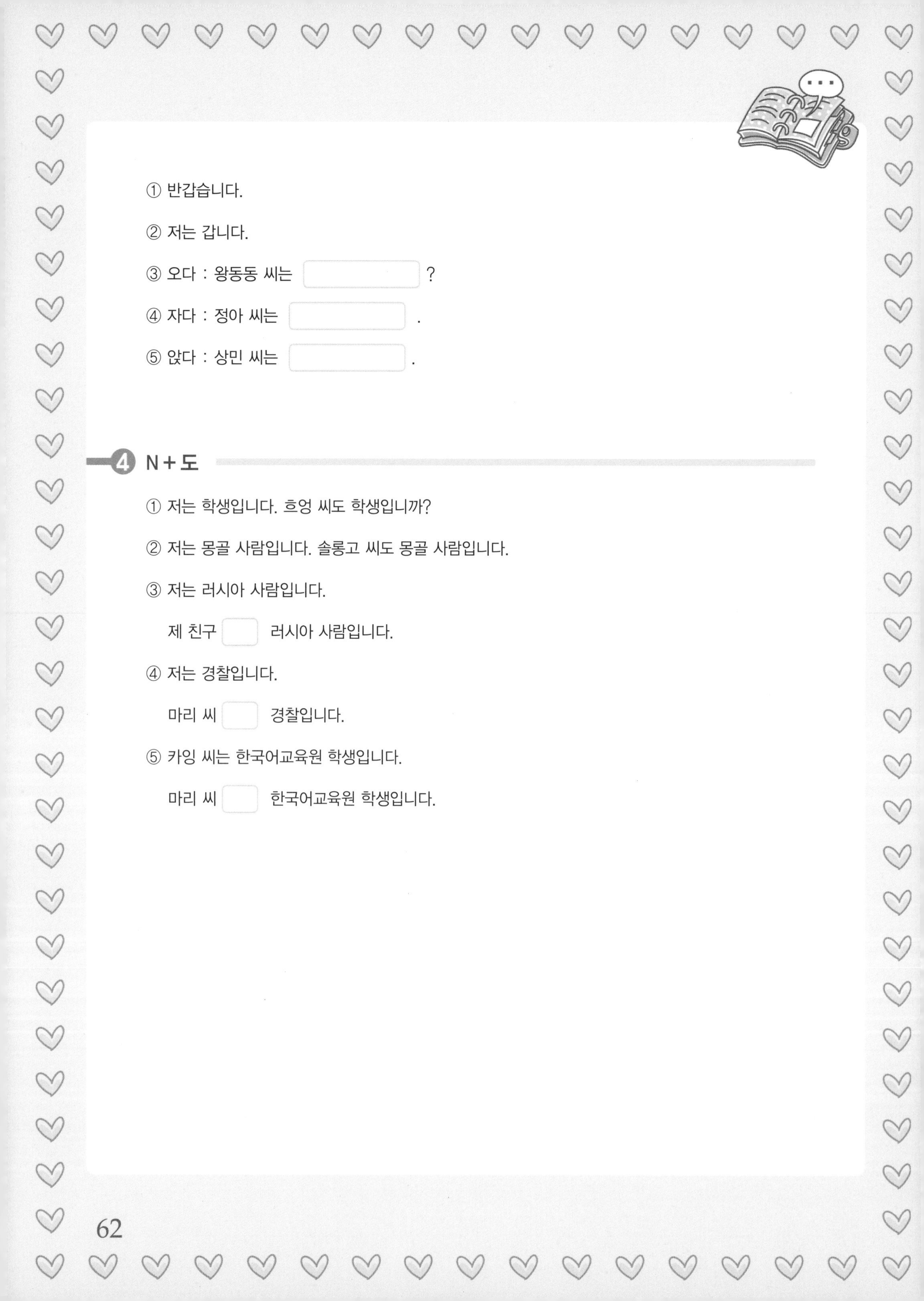

① 반갑습니다.

② 저는 갑니다.

③ 오다 : 왕동동 씨는 [　　　] ?

④ 자다 : 정아 씨는 [　　　] .

⑤ 앉다 : 상민 씨는 [　　　] .

4 N + 도

① 저는 학생입니다. 흐엉 씨도 학생입니까?

② 저는 몽골 사람입니다. 솔롱고 씨도 몽골 사람입니다.

③ 저는 러시아 사람입니다.

제 친구 [　] 러시아 사람입니다.

④ 저는 경찰입니다.

마리 씨 [　] 경찰입니다.

⑤ 카잉 씨는 한국어교육원 학생입니다.

마리 씨 [　] 한국어교육원 학생입니다.

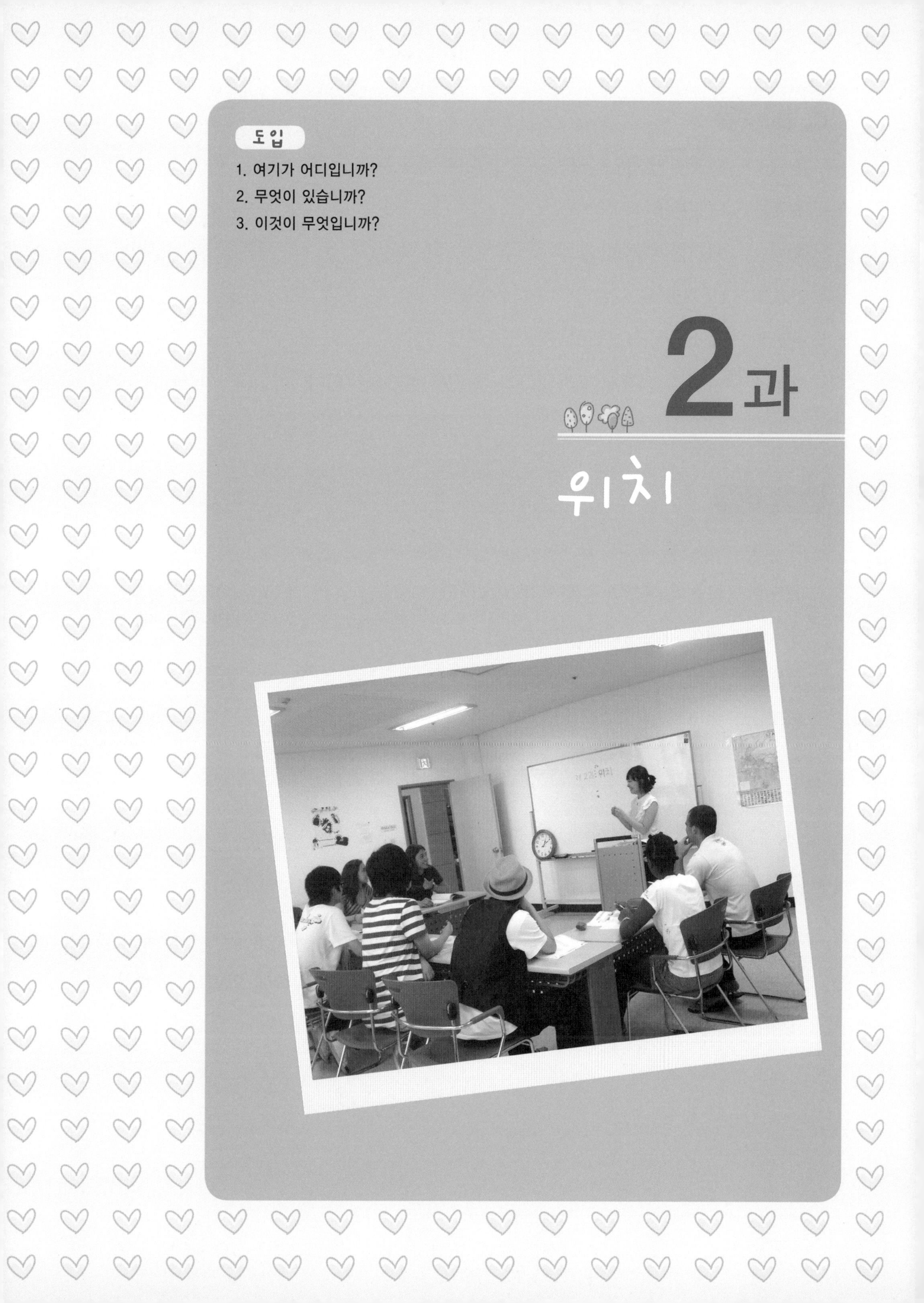

도입

1. 여기가 어디입니까?
2. 무엇이 있습니까?
3. 이것이 무엇입니까?

2과

위치

본문 1

왕동동 이것은 무엇입니까?

솔롱고 그것은 책상입니다.

왕동동 저것은 시계입니까?

솔롱고 네, 저것은 시계입니다.

왕동동 그것은 컴퓨터입니까?

솔롱고 아니요, 컴퓨터가 아닙니다. 이것은 텔레비전입니다.

표현
- 그것은 책상입니다.
- 아니요, 컴퓨터가 아닙니다.

본문 2

흐 엉 교실에 무엇이 있습니까?

왕동동 교실에 책상하고 의자가 있습니다.

흐 엉 책상 위에 무엇이 있습니까?

왕동동 책상 위에 공책이 있습니다.

흐 엉 가방은 어디에 있습니까?

왕동동 가방은 의자 옆에 있습니다.

표현
- 교실에 무엇이 있습니까?
- 책상 위에 공책이 있습니다.
- 가방은 어디에 있습니까?
  가방은 의자 옆에 있습니다.

본문 3

한국어교육원 앞에 학생회관이 있습니다. 학생회관 안에 은행하고 우체국이 있습니다. 학생 식당도 여기에 있습니다. 학생 식당은 은행 왼쪽에 있습니다. 학생회관 안에 서점은 없습니다. 서점은 학생회관 뒤에 있습니다.

표현
- 학생회관 안에 은행하고 우체국이 있습니다.
- 학생 식당도 여기에 있습니다.

- 무엇입니까 [무어심니까]
- 있습니다 [읻씀니다] <-> 없습니다[업씀니다]
- 공책이 [공채기]
- 학생회관이 [학쌩회과니]

본문어휘

어디	여기	가방	공책	시계	의자	
책상	컴퓨터	텔레비전	교실	서점	식당	우체국
은행	학생회관	이것/저것/그것	있다	없다		

어휘 +

고양이	개/강아지	방	상자	여권	옷장	책장
우리	학생증	아주	깨끗하다			
위	아래	앞	뒤	안	밖	옆
왼쪽	오른쪽	가운데/사이				

참고

무엇	이것	저것	그것

어디	여기	저기	거기

장 소

교실
병원
경찰서
문구점
백화점
도서관
미용실
소방서
시장
영화관
세탁소
슈퍼마켓
약국
서점
수영장
식당
운동장
주차장
편의점
우체국
주유소
체육관
옷가게
은행
집
회사
학교
순천항 병원
신창면 경찰서
문구점
행복백화점
행복 도서관
119
SCH 영화관
순천향 세탁소
순천향 슈퍼마켓
초록 약국
순천향서점
순천향 식당
24
순천향 옷가게
순천향은행
회사

물 건
책
사전
공책
수첩
책상
의자
필통
가방
연필
볼펜
지우개
칠판
신문
시계
지갑
창문
문
텔레비전
컴퓨터
침대
거울
달력
꽃병
우산
고양이
개/강아지
열쇠

말하기 연습

① 다음 〈보기〉와 같이 이야기하십시오.

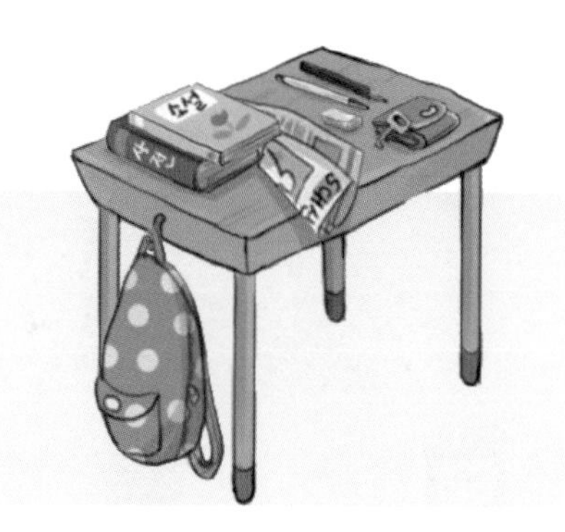

〈보기〉 A : 이것은 무엇입니까?
B : 그것은 사전입니다.
A : 저것은 책입니까?
B : 아니요, 책이 아닙니다. 공책입니다.

❶ 책, 신문　　❷ 연필, 시계
❸ 지갑, 가방　　❹ 지우개, 열쇠

② 다음 〈보기〉와 같이 이야기하십시오.

〈보기〉

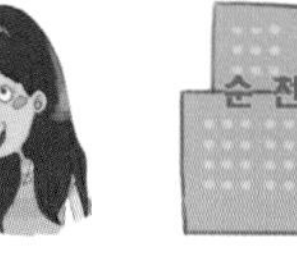
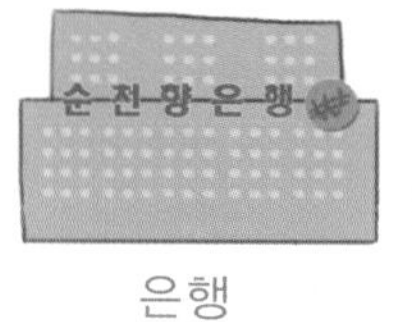

정은　　은행

A : 정은 씨가 어디에 있습니까?
B : 정은 씨는 은행에 있습니다.

❶

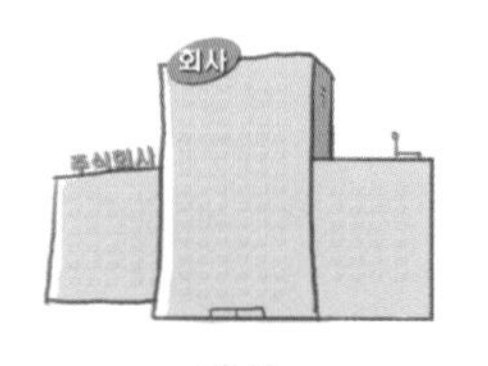

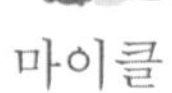

마이클　　회사

❷

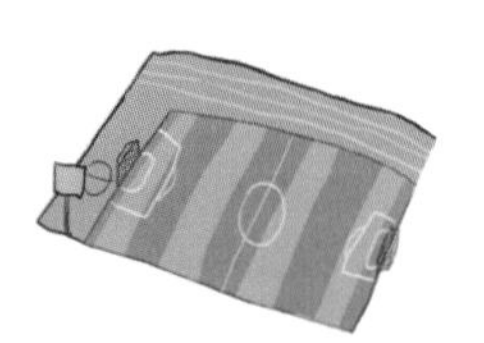

카잉　　운동장

❸

아사코　　미용실

❹

솔롱고　　옷가게

③ 다음 〈보기〉와 같이 이야기하십시오.

1)

〈보기〉

A : 방에 거울이 있습니까?

B : 네, 있습니다.

A : 방에 가방이 있습니까?

B : 아니요, 없습니다.

❶ 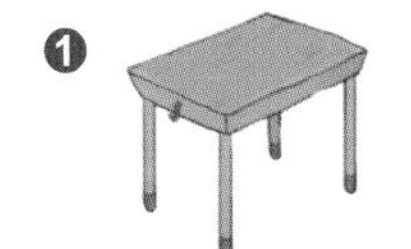 

❷  

❸ 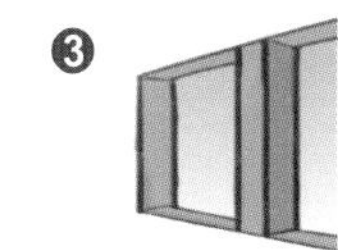 

❹  

2)

〈보기〉 책상, 의자

A : 방에 무엇이 있습니까?

B : 방에 책상하고 의자가 있습니다.

❶ 침대, 옷장

❷ 시계, 거울

❸ 책, 창문

❹ 책장, 거울

④ 다음 〈보기〉와 같이 이야기하십시오.

〈보기〉

A : 고양이가 어디에 있습니까?

B : 고양이가 의자 위에 있습니다.

❶ 아래

❷ 앞

❸ 뒤

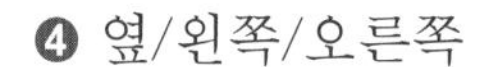

❹ 옆/왼쪽/오른쪽

❺ 사이

❻ 안/밖(상자)

⑤ 다음 〈보기〉와 같이 이야기하십시오.

〈보기〉

A : 책이 어디에 있습니까?

B : 책이 책상 위에 있습니다.

침대	시계	가방
우산	책상	꽃병
창문	달력	책장
의자	휴지통	옷

듣기

① 다음을 듣고 물음에 답하십시오.

1) 여기는 어디입니까? 쓰십시오.

____________________입니다.

2) 교실에 무엇이 없습니까?

❶ 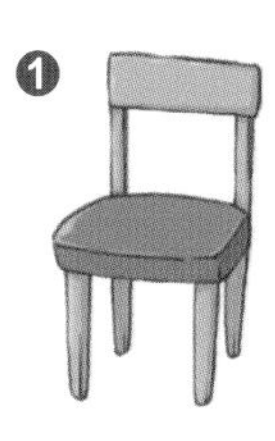

❷ 

❸ 

❹ 

3) 책상 위에 무엇이 있습니까?

❶ 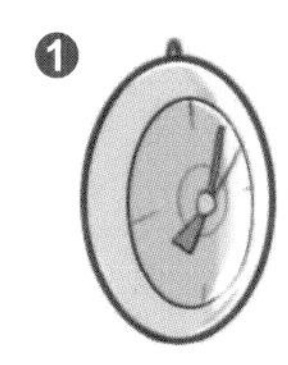

❷ 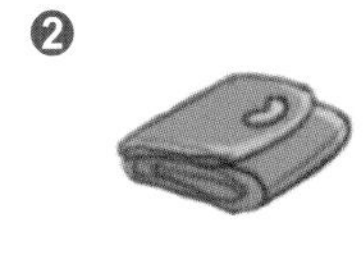

❸ 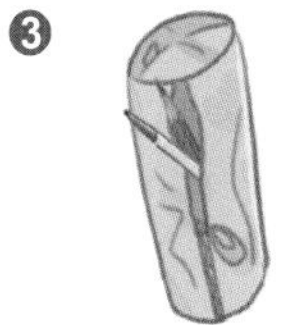

❹ 

② 다음을 듣고 물음에 답하십시오.

1) 가방 안에 무엇이 있습니까?

❶ 책하고 공책 ❷ 사전하고 필통

❸ 공책하고 신문 ❹ 신문하고 수첩

2) 필통 안에 무엇이 있습니까? 쓰십시오.

____________________하고 ____________________가 있습니다.

③ 다음을 듣고 물음에 답하십시오.

1) 교실에 있으면 (○), 없으면 (×) 하십시오.

❶ 의자 (　　　)
❷ 공책 (　　　)
❸ 우산 (　　　)
❹ 가방 (　　　)

2) 들은 내용과 같은 것을 고르십시오. (　　　　　　)

❶ 거울이 교실에 있습니다.
❷ 가방이 책상 위에 있습니다.
❸ 시계가 칠판 위에 있습니다.
❹ 텔레비전이 컴퓨터 옆에 있습니다.

④ 다음을 듣고 물음에 답하십시오.

1) 여기는 어디입니까?

❶ 병원 ❷ 백화점 ❸ 회사 ❹ 학교

2) 같으면 ○, 다르면 × 하십시오.

❶ 식당이 교실 옆에 있습니다. ( )

❷ 교실이 학생회관 안에 있습니다. ( )

❸ 학생회관이 기숙사 앞에 있습니다. ( )

❹ 학생회관이 우체국하고 도서관 사이에 있습니다. ( )

❺ 학생회관 안에 우체국하고 도서관은 없습니다. ( )

❻ 우체국은 학생회관 오른쪽에 있습니다. ( )

① 다음을 읽고 물음에 답하시오.

우리 교실에 책상하고 의자가 있습니다. 책상 앞에 칠판이 있습니다. 책상 위에 책하고 필통이 있습니다. 필통 안에 연필하고 지우개가 있습니다. 의자 옆에 가방이 있습니다. 가방 안에 사전하고 수첩이 있습니다. 학생증은 없습니다. 여권도 없습니다.

1) 칠판은 어디에 있습니까?

2) 책상 위에 무엇이 있습니까?

3) 가방 안에 무엇이 있습니까?

4) 가방 안에 여권이 있습니까?

5) 지우개는 어디에 있습니까?

② 다음을 읽고 물음에 답하시오.

우리 집 앞에 편의점이 있습니다. 편의점 오른쪽에 약국이 있습니다. 약국 옆에 미용실이 있습니다. 미용실 뒤에 세탁소하고 주차장이 있습니다. 주차장 안에 사람이 없습니다. 사람은 주차장 밖에 있습니다. 세탁소 옆에 우리 집이 있습니다.

1) 그림 안에 쓰십시오.

2) 약국 오른쪽에 무엇이 있습니까?

3) 세탁소 앞에 무엇이 있습니까?

4) 주차장 안에 사람이 있습니까?

5) 사람은 어디에 있습니까? ❶ ❷ ❸ ❹

쓰기

① 친구 방에 무엇이 있습니까?

제 친구 방에 책상하고 의자가 있습니다. 책상 위에 책하고 연필이 있습니다. 꽃병도 있습니다. 책상 옆에 침대가 있습니다. 침대 위에 시계가 있습니다. 시계 옆에 창문이 있습니다. 친구 방은 아주 깨끗합니다.

①	②	③	④
⑤	⑥	⑦	⑧

② 여러분 방에 무엇이 있습니까?

제 방에는

① 다음 그림을 보고 〈보기〉와 같이 이야기하십시오.

〈보기〉

아사코 이것이 무엇입니까?

장나나 그것은 가방입니다.

아사코 가방 안에 무엇이 있습니까?

장나나 가방 안에 책하고 사전하고 필통이 있습니다.

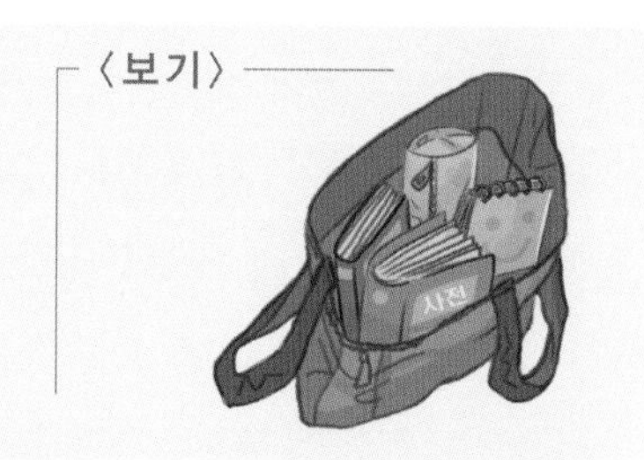

A 여기가 어디입니까?

B ______________________________

A ______________________________

B ______________________________

A ______________________________

B ______________________________

A ______________________________

B ______________________________

② 다음 그림을 보고 〈보기〉와 같이 이야기하십시오.

〈보기〉

아사코 여기가 어디입니까?

이상민 학생회관입니다.

아사코 학생회관 안에 우체국이 있습니까?

이상민 네, 있습니다.

아사코 서점도 있습니까?

이상민 아니요, 서점은 학생회관 뒤에 있습니다.

1 N + 이/가

① 이름이 무엇입니까?

② 이것 [ ] 무엇입니까?

③ 누 [ ] 중국 사람입니까?

④ 제 [ ] 중국 사람입니다.

⑤ 저것 [ ] 필통입니다.

2 (N + 은/는) N + 이/가 아니다

① 저는 중국 사람이 아닙니다.

② 저것은 의자 [ ] [ ].

③ 저는 은행원 [ ] [ ].

④ 이것은 지우개 [ ] [ ].

⑤ 여기는 중국 [ ] [ ].

③ N + 에(1)

① 책상은 교실에 있습니다.

② 책은 가방 [ ] 있습니다.

③ 침대는 방 [ ] 있습니다.

④ 우체국은 여기 [ ] 없습니다.

⑤ 은행은 어디 [ ] 있습니까?

④ N + 하고 + N

① 교실에 책상하고 의자가 있습니다.

② 책상 위에 지우개 [ ] 볼펜이 있습니다.

③ 가방 안에 사전 [ ] 공책이 있습니다.

④ 제 방에 침대 [ ] 책상이 있습니다.

⑤ 학교 안에 학생 식당 [ ] 서점이 있습니다.

도입

1. 여기는 어디입니까?
2. 무엇을 합니까?
3. 무엇이 있습니까?

3과

물건 사기

본문 1

주 인　어서 오세요.

왕동동　아저씨, 우유 있습니까?

주 인　네, 여기 있습니다.

왕동동　얼마입니까?

주 인　팔백 원입니다.

표현

- 어서 오세요.
- 아저씨, 우유 있습니까?
- 여기 있습니다.
- 얼마입니까?

본문 2

주 인　어서 오세요.

왕동동　이 사과 한 개에 얼마입니까?

주 인　한 개에 천 원입니다.

왕동동　저 배는 얼마입니까?

주 인　한 개에 이천 원입니다.

왕동동　사과 세 개하고 배 다섯 개 주십시오.

주 인　모두 만 삼천 원입니다.

표현

- 이 사과 한 개에 얼마입니까?
- 한 개에 천 원입니다.
- 배 다섯 개 주십시오.

본문 3

카잉 씨는 슈퍼마켓에 갑니다. 슈퍼마켓에서 치약하고 칫솔, 그리고 라면을 삽니다. 치약은 3,500원, 칫솔은 2,000원입니다. 그리고 라면은 800원입니다. 모두 6,300원입니다.

아사코 씨는 백화점에서 부모님 선물을 삽니다. 아버지 선물은 넥타이, 어머니 선물은 장갑입니다. 넥타이는 50,000원입니다. 조금 비쌉니다. 장갑은 25,000원입니다. 아주 예쁩니다. 넥타이하고 장갑은 모두 75,000원입니다. 아사코 씨는 기분이 좋습니다.

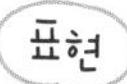

- 슈퍼마켓에서 치약하고 칫솔, 그리고 라면을 삽니다.
- 아주 예쁩니다.
- 넥타이하고 장갑은 모두 75,000원입니다.
- 아사코 씨는 기분이 좋습니다.

- 치약하고 칫솔 [치야카고치쏠]
- 선물을 삽니다 [선무를삼니다]
- 좋다 [조타]
- 백화점에서 [배콰저메서]
- 기분이 좋습니다 [기부니조씀니다]

본문어휘

기분	넥타이	라면	배	사과	색깔	부모님
아버지	어머니	아저씨	슈퍼마켓	주인	우유	칫솔
치약	선물	장갑	얼마	원	그리고	모두
조금	이/그/저	비싸다	사다	예쁘다	좋다	주다

어휘 +

값	과일	구두	냉장고	물건	바나나	바지
생선	손님	손수건	신발	아이스크림	옷	운동화
인형	자동차	자전거	꽃	장미	음악	지금
권	그램	대	마리	명	벌	병
봉지	잔	켤레	킬로그램	통	몇	마시다
많다	받다	싸다	이야기하다	팔다	듣다	

말하기 연습

① 다음 〈보기〉와 같이 이야기하십시오.

〈보기〉

A : 우유 있습니까?
B : 네, 있습니다.
A : 휴지도 있습니까?
B : 아니요, 휴지는 없습니다.

❶ 빵, 과자
❷ 치약, 계란
❸ 휴지, 비누
❹ 콜라, 주스

슈퍼마켓 물건

① 빵	② 과자	③ 초콜릿	④ 라면

⑤ 계란	⑥ 비누	⑦ 휴지	⑧ 물

⑨ 콜라	⑩ 커피	⑪ 주스	⑫ 맥주

② 다음을 읽고 쓰십시오.

1)

1	2	3	4	5	6	7	8	9	10
일	이	삼	사	오	육	칠	팔	구	십
11	12	13	14	15	16	17	18	19	20
십일	십이	십삼	십사	십오	십육	십칠	십팔	십구	이십

2)

10	20	30	40	50	60	70	80	90	100
십	이십	삼십	사십	오십	육십	칠십	팔십	구십	백

❶ 51 : 오십일

❷ 48 : 사십팔

❸ 17 : 십칠

❹ 92 : 구십이

❺ 79 :

❻ 11 :

❼ 46 :

❽ 28 :

3)

1	10	100	1,000	10,000	100,000	1,000,000
일	십	백	천	만	십만	백만

❶ 534 : 오백삼십사

❷ 1,540 : 천오백사십

❸ 39,010 : 삼만 구천십

❹ 283,000 : 이십팔만 삼천

❺ 7,109,502 : 칠백십만 구천오백이

❻ 635,171 :

❼ 404,806 :

❽ 79,020 :

4) 다음 숫자를 읽으십시오.

❶ 15　　❷ 621

❸ 3,900　　❹ 81,000

❺ 109,400　　❻ 9,002,156

5) 다음 〈보기〉와 같이 이야기하십시오.

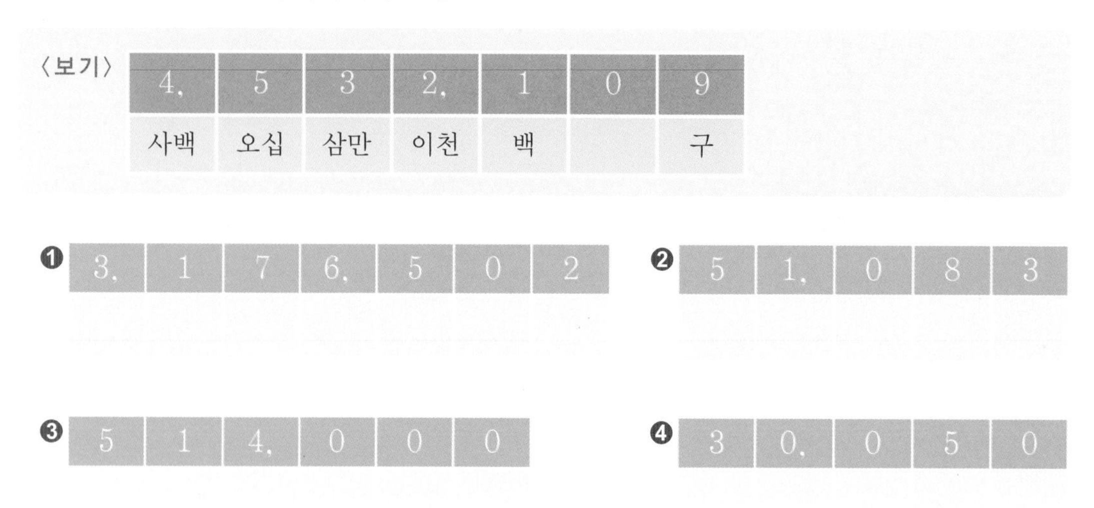

③ 다음 〈보기〉와 같이 이야기하십시오.

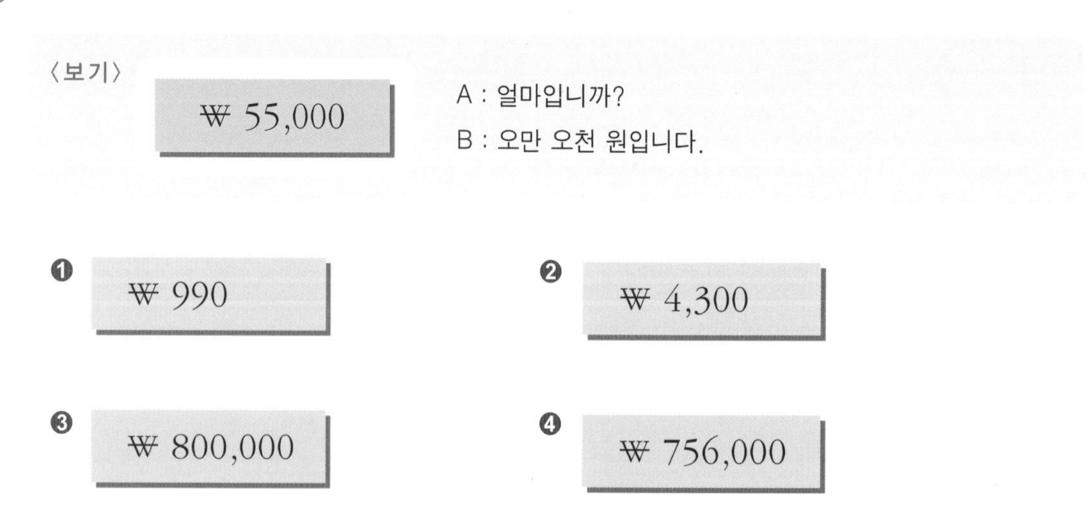

④ 다음을 읽고 쓰십시오.

1	2	3	4	5	6	7	8	9	10	20
하나	둘	셋	넷	다섯	여섯	일곱	여덟	아홉	열	스물
한 개	두 개	세 개	네 개	다섯 개	여섯 개	일곱 개	여덟 개	아홉 개	열 개	스무 개

30	40	50	60	70	80	90	100
서른	마흔	쉰	예순	일흔	여든	아흔	백
서른 개	마흔 개	쉰 개	예순 개	일흔 개	여든 개	아흔 개	백 개

1) 사과를 세어 보십시오.

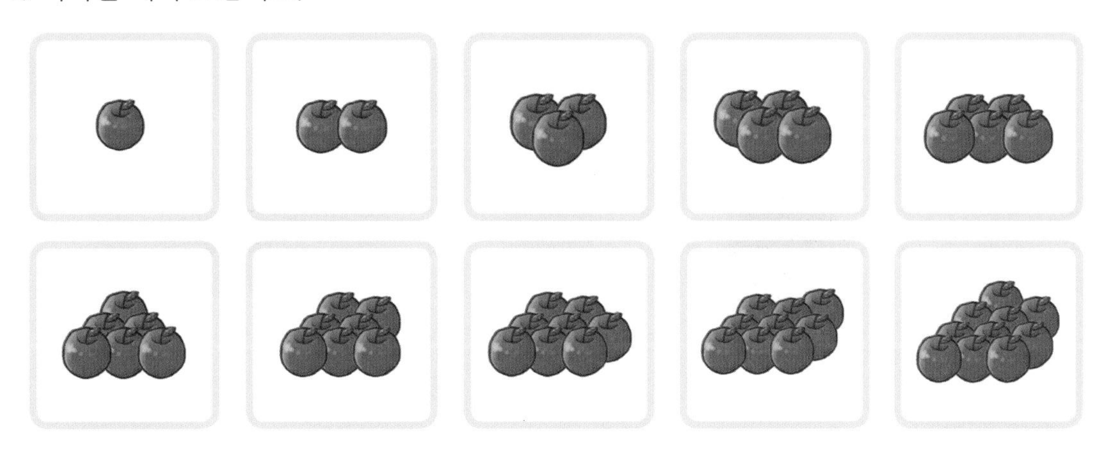

2) 사과가 몇 개입니까?

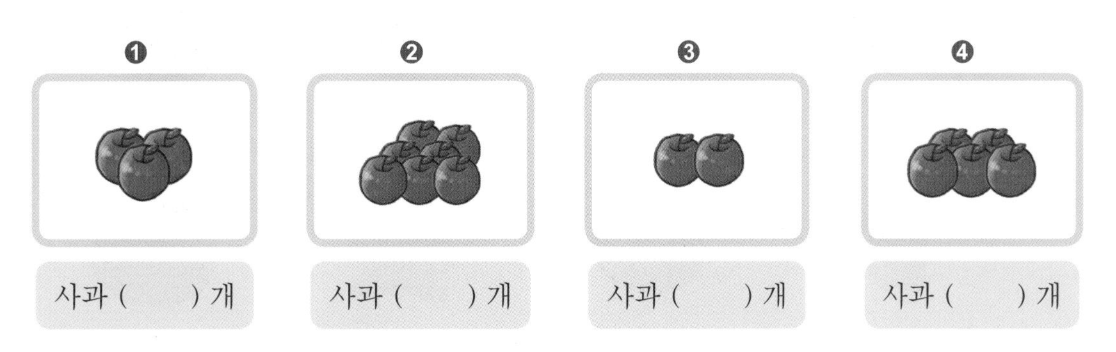

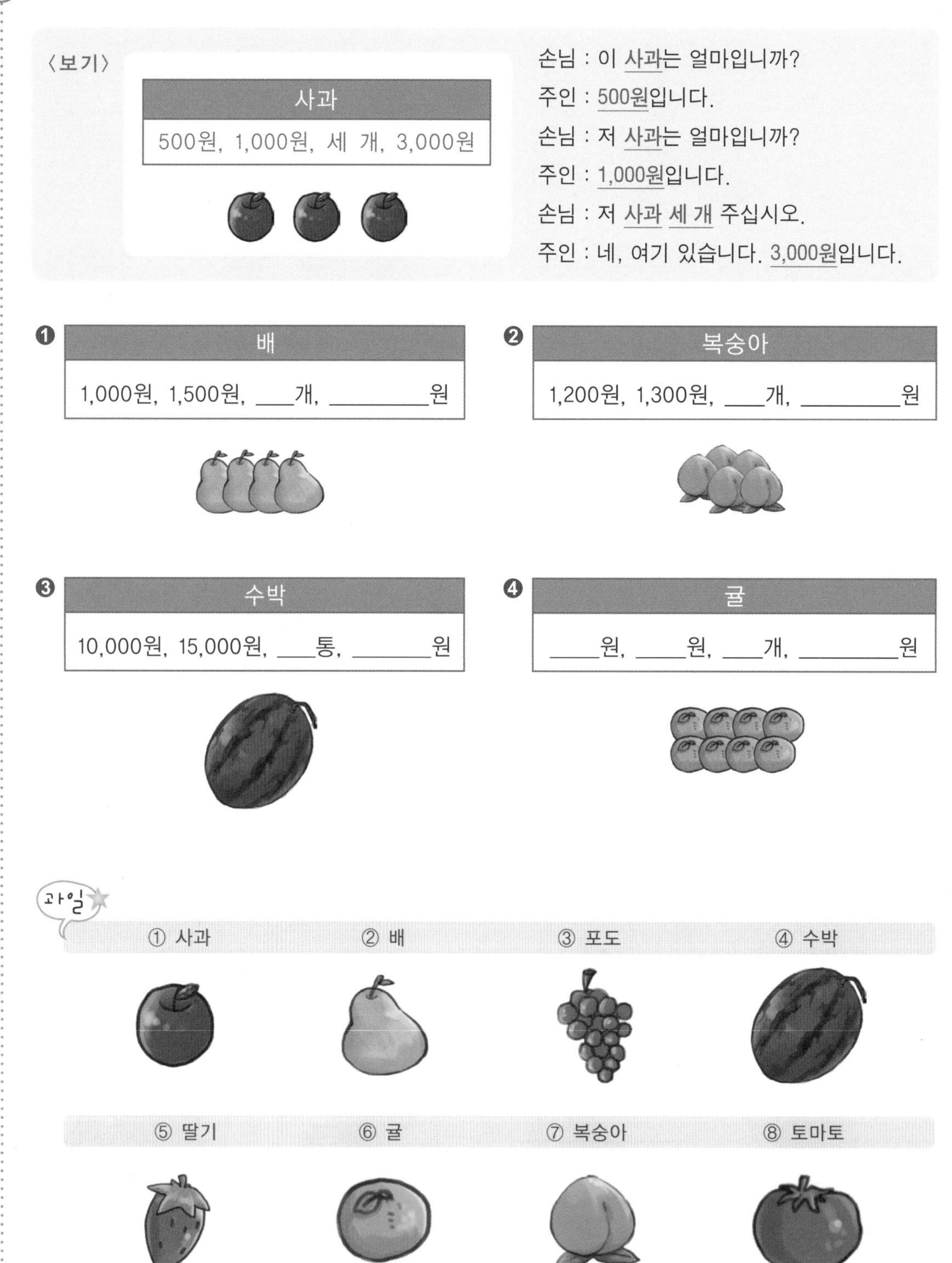

⑤ 다음 〈보기〉와 같이 이야기하십시오.

〈보기〉

사과
500원, 1,000원, 세 개, 3,000원

손님 : 이 사과는 얼마입니까?
주인 : 500원입니다.
손님 : 저 사과는 얼마입니까?
주인 : 1,000원입니다.
손님 : 저 사과 세 개 주십시오.
주인 : 네, 여기 있습니다. 3,000원입니다.

❶

배
1,000원, 1,500원, ___개, ________원

❷

복숭아
1,200원, 1,300원, ___개, ________원

❸

수박
10,000원, 15,000원, ___통, _______원

❹

귤
____원, ____원, ___개, ________원

과일

① 사과 ② 배 ③ 포도 ④ 수박

⑤ 딸기 ⑥ 귤 ⑦ 복숭아 ⑧ 토마토

⑥ 다음 〈보기〉와 같이 이야기하십시오.

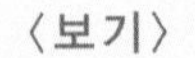
〈보기〉

A : 물 한 병에 얼마입니까?
B : 육백 원입니다.
A : 물 세 병 주십시오. 모두 얼마입니까?
B : 세 병에 천팔백 원입니다.

❶ 라면 한 개 800원

❷ 생선 한 마리 5,000원

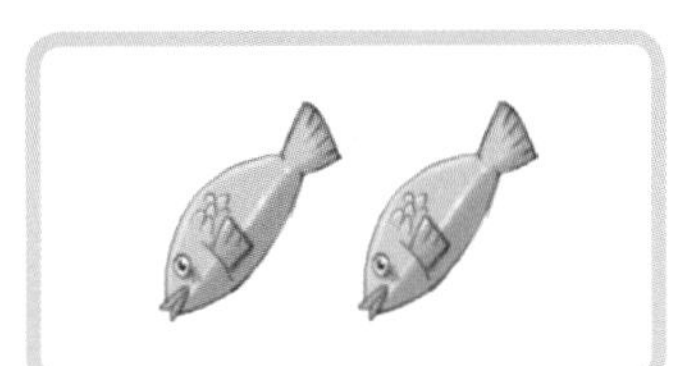

❸ 맥주 한 병 2,800원

❹ 아이스크림 한 개 1,500원

❺ 빵 한 개 800원

❻ 비누 한 개 1,200원

⑦ 다음을 연습하십시오.

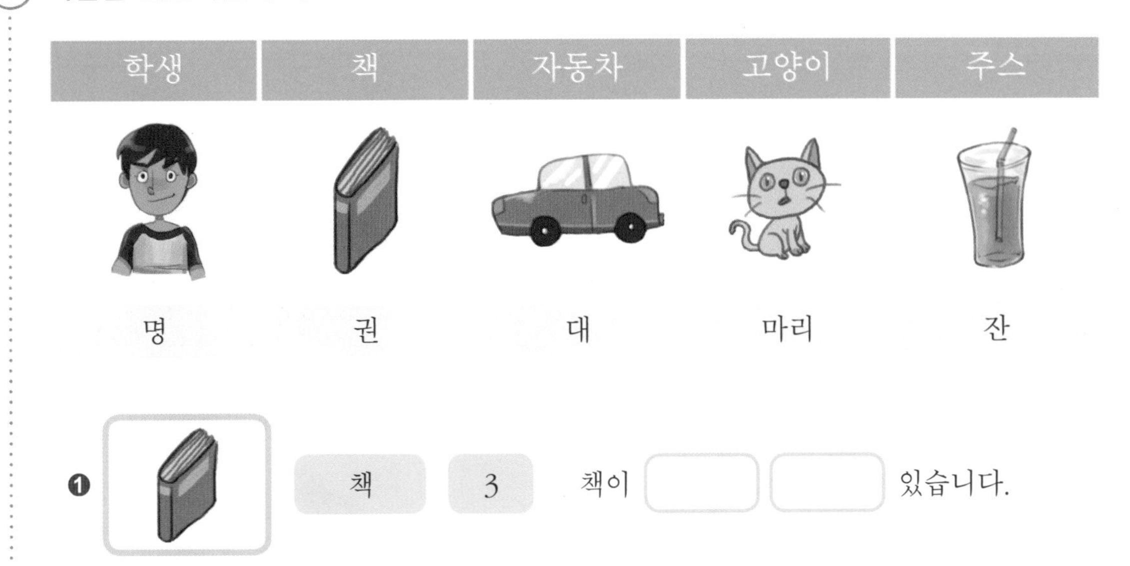

8 다음 〈보기〉와 같이 이야기하십시오.

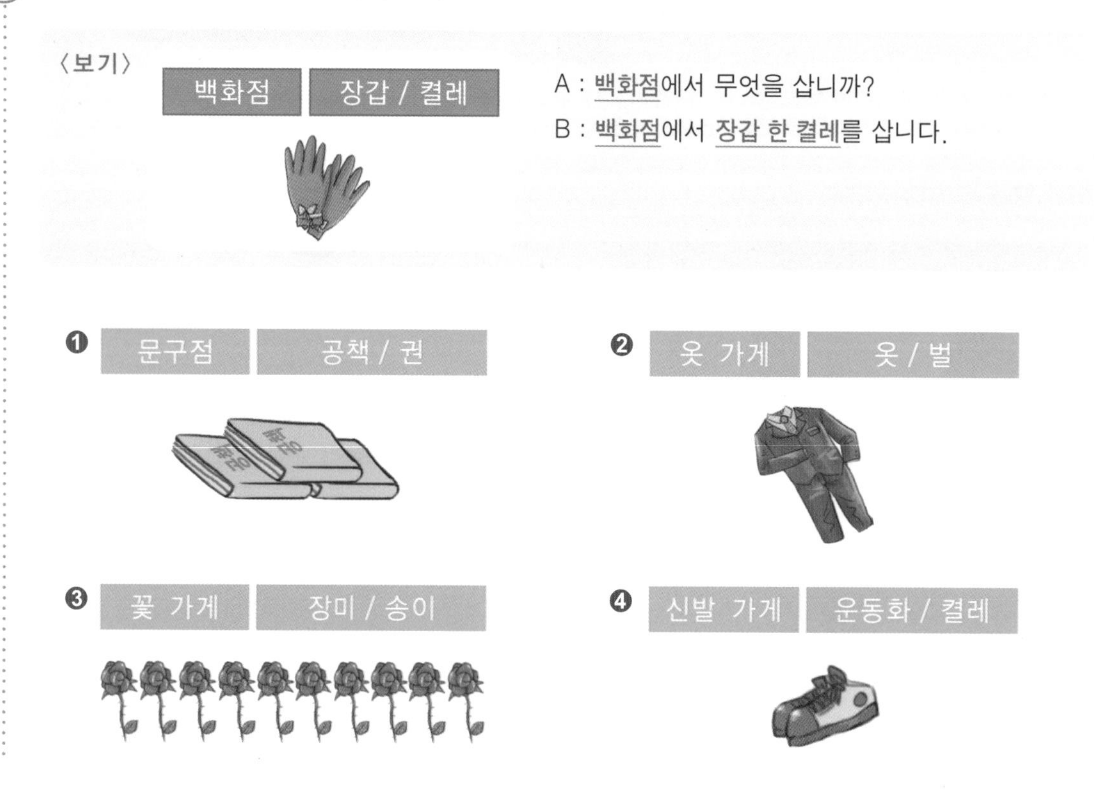

듣기

① 다음을 듣고 물음에 답하십시오.

1) 사과를 몇 개 삽니까?

❶ 한 개　❷ 두 개　❸ 세 개　❹ 네 개

2) 모두 얼마입니까?

❶ 1,500원　❷ 2,500원　❸ 3,000원　❹ 3,500원

② 다음을 듣고 물음에 답하십시오.

1) 여기는 어디입니까?

❶ 병원　❷ 회사
❸ 우체국　❹ 슈퍼마켓

2) 여기에 무엇이 있습니까? 얼마입니까? 쓰십시오.

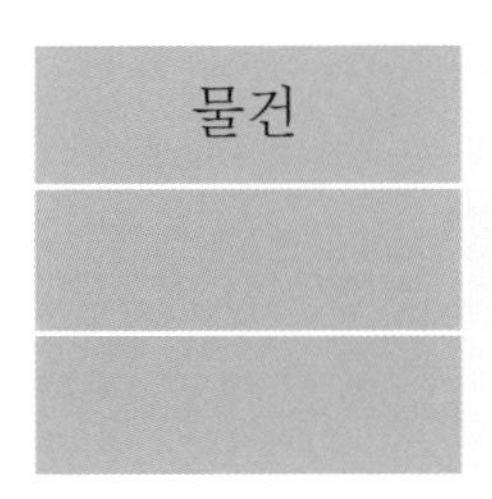

물건	값	물건	값

3) 무엇을 삽니까?

❶ 콜라, 라면　❷ 우유, 라면　❸ 맥주, 우유　❹ 라면, 빵

4) 모두 얼마입니까?

❶ 5,500원　❷ 3,200원　❸ 2,200원　❹ 1,500원

③ 다음을 듣고 물음에 답하십시오.

1) 아사코 씨는 어디에서 선물을 삽니까?

❶ 슈퍼마켓 ❷ 과일 가게 ❸ 문구점 ❹ 백화점

2) 어머니 선물은 무엇입니까?

❶ 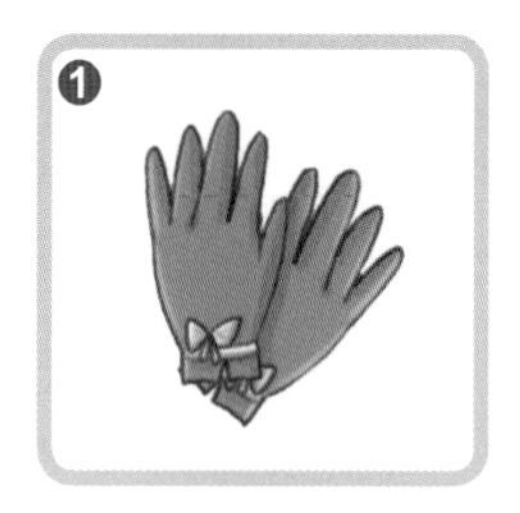
❷ 
❸ 
❹ 

3) 아버지 선물은 얼마입니까? 쓰십시오.

④ 다음을 듣고 물음에 답하십시오.

1) 여기는 어디입니까? 쓰십시오.

2) 사과를 몇 개 삽니까?

❶ 두 개 ❷ 세 개 ❸ 네 개 ❹ 다섯 개

3) 배는 한 개에 얼마입니까?

❶ 천 원 ❷ 천오백 원 ❸ 이천 원 ❹ 이천오백 원

4) 과일 값은 모두 얼마입니까?

❶ 만 원 ❷ 만 천 원 ❸ 만 오천 원 ❹ 만 육천 원

읽기

① 다음을 읽고 물음에 답하십시오.

영수증

빵	2개	2,400
물	4병	2,000
칫솔	5개	5,500
비누	3개	4,500
합계		14,400

1) 무엇을 삽니까?

2) 칫솔을 몇 개 삽니까?

3) 비누는 한 개에 얼마입니까?

4) 무엇을 두 개 삽니까?

5) 모두 얼마입니까?

② 다음을 읽고 물음에 답하십시오.

여기는 백화점입니다. 백화점에 물건이 많습니다. 동동 씨는 여기에서 바지하고 운동화를 삽니다. 바지는 45,000원입니다. 그리고 운동화는 99,000원입니다.

저기는 시장입니다. 아사코 씨는 신발 가게에서 운동화를 삽니다. 운동화는 28,000원입니다. 그리고 옷 가게에서 치마를 삽니다. 치마는 25,000원입니다. 모두 53,000원입니다.

1) 동동 씨는 백화점에서 무엇을 삽니까?

2) 모두 얼마입니까?

	아사코		동동
운동화	원	운동화	원
치마	원	바지	원
합계	**원**	**합계**	**원**

3) 물건은 어디가 비쌉니까?

쓰기

① 다음 〈보기〉와 같이 쓰십시오.

〈보기〉

장소	물건	값	몇 개	합계	총합계
슈퍼마켓	사과 라면 물	800원 700원 600원	두 개 세 봉지 한 병	1,600원 1,400원 600원	3,600원

슈퍼마켓에서 사과하고 라면하고 물을 삽니다.

사과는 한 개에 팔백 원, 라면은 한 봉지에 칠백 원, 물은 한 병에 육백 원입니다.

사과는 두 개, 라면은 세 봉지, 물은 한 병을 삽니다.

모두 삼천육백 원입니다.

1) 문구점

장소	물건	값	몇 개	합계	총합계
문구점					

문구점에서

2) 과일 가게

장소	물건	값	몇 개	합계	총합계
과일가게					

과일 가게에서

말하기 활동

① 슈퍼마켓입니다. 다음과 같이 이야기하십시오.

주인 : 어서 오세요.
손님 : 우유하고 휴지 있습니까?
주인 : 네, 여기 있습니다.
손님 : 모두 얼마입니까?
주인 : 우유는 800원, 휴지는 500원, 모두 1,300원입니다.
손님 : 여기 1,300원 있습니다.

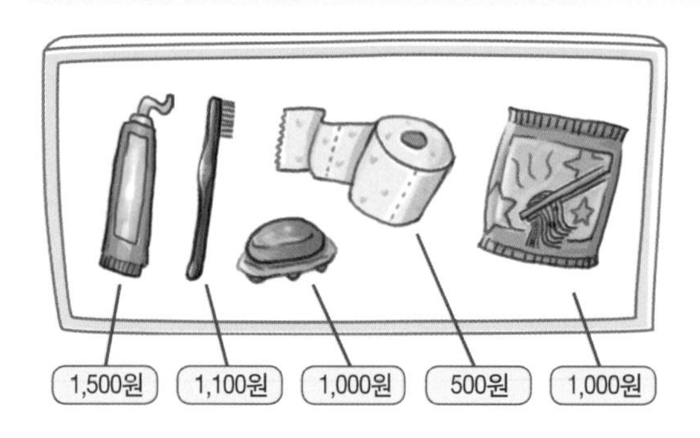

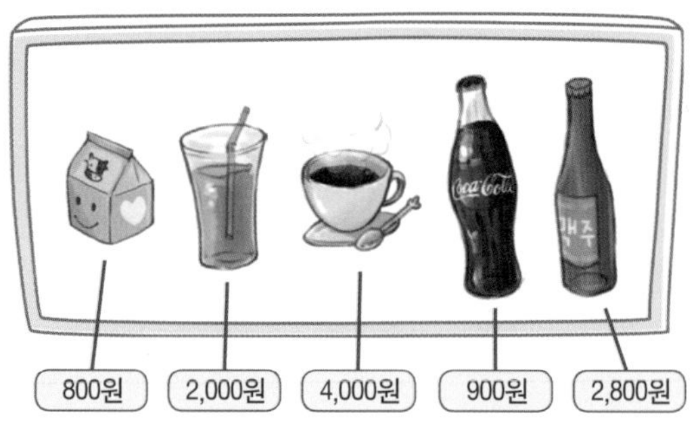

② 과일 가게입니다. 다음과 같이 이야기하십시오.

주인 : 어서 오세요.
손님 : 이 수박 한 통에 얼마입니까?
주인 : 만 오천 원입니다.
손님 : 저 복숭아는 한 개에 얼마입니까?
주인 : 천오백 원입니다.
손님 : 이 수박 한 통하고 저 복숭아 두 개 주십시오.
주인 : 수박 한 통에 만 오천 원, 복숭아 두 개에 삼천 원, 모두 만 팔천 원입니다.
손님 : 여기 만 팔천 원 있습니다.
주인 : 네, 고맙습니다. 안녕히 가세요.

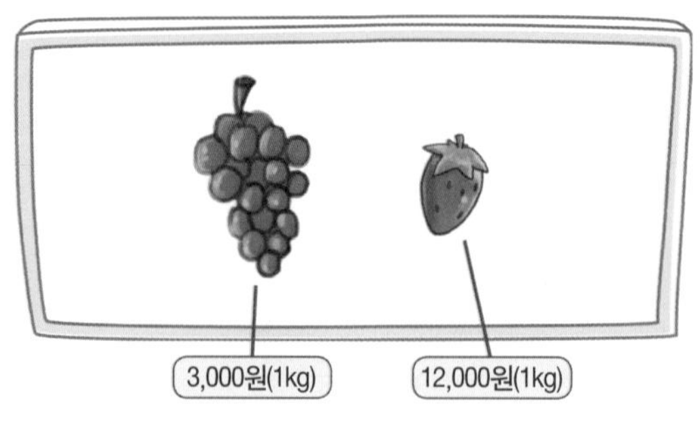

③ 다음을 〈보기〉와 같이 이야기하십시오.

〈보기〉 A : 토마토는 다섯 개에 얼마입니까?
B : 토마토는 다섯 개에 이천삼백팔십 원입니다.

S·MART
S·마트

야채 (990원/100g)	계란 (990원/10개)	우 유 (2,300원/1병)	양 파 (1,350원/5개)
사과(9,900원/4개)	고기 (1,890원/100g)	요구르트 (2,380원/5개)	김 (3,780원/4봉지)
수박(7,980/1통)	토 마 토 (2,380원/5개)	바나나(118원/100g)	주스(3,980원/1병)
생선 (1,800원/2마리)	휴 지 (11,300원/30개)	방울토마토(2,980/1kg)	

❶ N + 에

1) N + 에 (2)

① 사과 한 개에 얼마입니까?

② 콜라는 한 병에 500원입니다.

③ 장미는 한 송이 [ ] 얼마입니까?

④ 배는 한 개 [ ] 1,500원, 세 개 [ ] 4,500원입니다.

⑤ 커피는 한 잔 [ ] 2,500원, 주스는 한 잔 [ ] 1,500원입니다.

1) N + 에 (3)

① 학교에 갑니다.

② 과일 가게에 갑니다.

③ 친구가 집 [ ] 옵니다.

④ 지금 어디 [ ] 갑니까?

⑤ 백화점 [ ] 갑니다.

❷ N + 을/를

① 친구가 연필을 줍니다.

② 바나나를 삽니다.

③ 선물 [ ] 받습니다.

④ 우유 [ ] 마십니다.

⑤ 손님이 빵 값 만 원 [ ] 줍니다.

3 N + 에서

① 슈퍼마켓에서 치약하고 칫솔을 삽니다.

② 백화점 [   ] 부모님을 만납니다.

③ 도서관 [   ] 책을 읽습니다.

④ 어디 [   ] 커피를 마십니까?

⑤ 방 [   ] 음악을 듣습니다.

4 수관형사 + 단위명사

~개	~명	~병	~잔	~마리	~송이
물건	사람	병	음료	동물	꽃
사과 한 개	친구 두 명	콜라 세 병	커피 네 잔	고양이 다섯 마리	장미 한 송이

① 교실에 친구가 두 명 있습니다. (2)

② 지우개가 두 개 있습니다. (2)

③ 고양이가 [   ] 있습니다. (3)

④ 슈퍼마켓에서 물 [   ] 을 삽니다. (11)

⑤ 장미가 [   ] 있습니다. (20)

⑥ 커피 [   ] 을 마십니다. (1)

5 V + -(으)십시오

기본형	-(으)십시오	기본형	-(으)십시오	기본형	-(으)십시오
가다	가십시오	사다		씻다	
오다		이야기하다		읽다	
보다		받다	받으십시오	앉다	
주다		입다		*있다	
*마시다		*자다		*말하다	

① 5,000원 받으십시오.

② 사과 다섯 개 ______ . (주다)

③ 집에 ______ . (오다)

④ 책을 ______ . (읽다)

⑤ 도서관에 ______ . (가다)

⑥ 여기에 ______ . (앉다)

⑦ 커피 한 잔을 ______ . (사다)

⑧ 콜라 두 병하고 맥주 세 병 ______ . (받다)

도입

1. 이 사람은 무엇을 해요?
2. 여러분은 아침, 점심, 저녁에 뭐 해요?
3. 이 사람의 하루와 여러분의 하루를 비교해 보세요.

4과

하루 일과

본문 1

정아　나나 씨, 지금 몇 시예요?

나나　열한 시예요.

정아　지금 뭐 해요?

나나　한국어를 공부해요.

정아　언제 점심을 먹어요?

나나　열두 시 삼십 분에 먹어요.

표현

- 지금 몇 시예요?
- 지금 뭐 해요?
- 언제 점심을 먹어요?
- 열두 시 삼십 분에 먹어요.

본문 2

카 잉　오늘 오후에 뭐 해요?

솔롱고　친구를 만나요.

카 잉　친구와 뭐 해요?

솔롱고　친구와 함께 커피를 마셔요.

카 잉　저녁에는 뭐 해요?

솔롱고　저녁에는 집에서 숙제해요.

표현

- 오늘 오후에 뭐 해요?
- 친구와 함께 커피를 마셔요.

본문 3

카잉 씨 일기

저는 아침에 일찍 일어나요. 아침에 빵을 먹어요. 그리고 우유를 마셔요. 오전에는 교실에서 한국어 수업을 들어요. 한국어는 재미있어요.

점심에는 학생 식당에서 한국 친구와 같이 점심을 먹어요. 보통 한식을 먹어요. 한국 음식은 참 맛있어요. 그래서 저는 한국 음식을 좋아해요.

오후에는 도서관에서 공부해요. 그리고 체육관에서 운동을 해요. 저는 농구와 배구를 좋아해요. 저녁에는 집에서 베트남 음식을 먹어요. 그리고 숙제를 해요.

표현

- 저는 아침에 일찍 일어나요.
- 한국 친구와 같이 점심을 먹어요.
- 보통 한식을 먹어요.

발음

- 몇 시 [멷씨]
- 맛있어요 [마시써요]
- 한국어를 [한구거를]
- 같이 [가치]
- 숙제 [숙쩨]

본문어휘

농구	배구	뭐	수업	숙제	시/분	아침
점심	저녁	언제	오늘	오전	오후	운동
음식	일기	집	한국어	한식	같이	함께
그래서	보통	일찍	참	공부하다	끝나다	맛있다
숙제하다	일어나다	재미있다	좋아하다			

어휘 +

고향	극장	낮/밤	돈	반	손	시간
아침(밥)	점심(밥)	저녁(밥)	전/후	커피숍	편지	하루 일과
노래하다	말하다	보내다	샤워하다	세수하다	요리하다	울다
웃다	전화하다	채팅하다	청소하다	기다리다	목욕하다	쇼핑하다
머리를 감다	이를 닦다					

사람들이 뭐 해요?

① 일어나요.

② 밥을 먹어요.

③ 잠을 자요.

④ 책을 읽어요.

⑤ 운동을 해요.

⑥ 친구를 만나요.

⑦ 커피를 마셔요.

⑧ 공부를 해요.

⑨ 컴퓨터를 해요.

⑩ 텔레비전을 봐요.

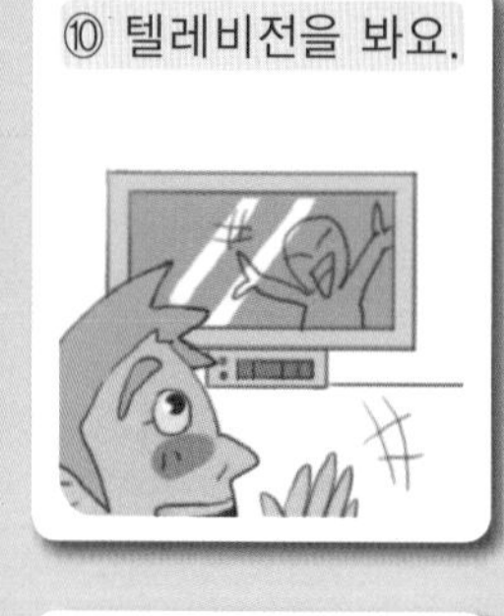

⑪ 목욕을 해요.

⑫ 친구를 기다려요.

⑬ 영화를 봐요.

⑭ 샤워를 해요.

⑮ 신문을 읽어요.

⑯ 쇼핑을 해요.

⑰ 머리를 감아요.

⑱ 손을 씻어요.

⑲ 이를 닦아요.

⑳ 세수를 해요.

말하기 연습

① 다음을 보고 이야기하십시오.

1	한 시	5	다섯 시	9	아홉 시
2	두 시	6	여섯 시	10	열 시
3	세 시	7	일곱 시	11	열한 시
4	네 시	8	여덟 시	12	열두 시

1	일 분	10	십 분	20	이십 분
2	이 분	11	십일 분	30	삼십 분 / 반
3	삼 분	12	십이 분	40	사십 분 / 20분 전
5	오 분	19	십구 분	50	오십 분 / 10분 전

1) 지금 몇 시예요?

❶ 1:15

1	15
한 시	십오 분

❷ 2:40

2	40
두 시	사십 분

❸ 6:30

6	30
여섯 시	삼십 분
	반

❹ 8:55

8	55
여덟 시	오십오 분
아홉 시	오 분 전

2) 지금 몇 시예요?

❶ 1:48 ❷ 3:10 ❸ 11:45

❹ 7:30 ❺ 12:50 ❻ 9:05

② 다음 〈보기〉와 같이 이야기하십시오.

〈보기〉

8:30
학교, 가다

A : 몇 시에 학교에 가요?
B : 여덟 시 반에 학교에 가요.

❶ 1:00 / 수업, 끝나다
❷ 3:00 / 운동, 하다
❸ 4:30 / 친구, 만나다
❹ 7:30 / 신문, 보다
❺ 8:00 / 부모님, 전화하다
❻ 10:30 / 잠, 자다

③ 다음 〈보기〉와 같이 이야기하십시오.

〈보기〉

쇼핑, 하다

A : 지금 뭐 해요?
B : 쇼핑을 해요.

❶ 책, 읽다
❷ 선물, 사다
❸ 운동, 하다
❹ 선생님, 만나다
❺ 영화, 보다
❻ 노래, 하다

④ 다음 〈보기〉와 같이 이야기하십시오.

〈보기〉

텔레비전, 보다
밥, 먹다

A : 지금 텔레비전을 봐요?
B : 아니요, 밥을 먹어요.

❶ 책, 읽다 / 전화, 하다
❷ 선물, 사다 / 커피, 마시다
❸ 운동, 하다 / 과일, 먹다
❹ 친구, 만나다 / 신문, 보다
❺ 영화, 보다 / 빨래, 하다
❻ 손, 씻다 / 책, 읽다

⑤ 다음 〈보기〉와 같이 이야기하십시오.

〈보기〉

오후	도서관, 공부하다
저녁	집, 숙제하다

A : 오후에 뭐 해요?
B : 도서관에서 공부해요.
A : 저녁에는 뭐 해요?
B : 집에서 숙제해요.

❶
아침	기숙사, 샤워하다
오전	교실, 공부하다

❷
오전	한국어 수업, 듣다
오후	체육관, 운동하다

❸
점심	백화점, 쇼핑하다
저녁	슈퍼마켓, 가다

❹
낮	커피숍, 친구, 만나다
밤	집, 텔레비전, 보다

❺
오전	공원, 산책하다
오후	집, 청소하다

❻
오후	?
저녁	?

아침	점심	저녁
오전	오후	

⑥ 다음 <보기>와 같이 이야기하십시오.

〈보기〉

A : 지금 뭐 해요?
B : 공부해요. / 공부를 해요.

★ ______하다

N	N +하다	N +을/를 +하다	N	N +하다	N +을/를 +하다
공부	공부하다	공부를 하다	전화		
숙제			운동		
말			쇼핑		
이야기			요리		
청소	청소하다		세수		
빨래			샤워		
노래		노래를 하다	채팅		

★ 지금 뭐 해요?

듣기

① 다음을 듣고 시간을 쓰십시오.

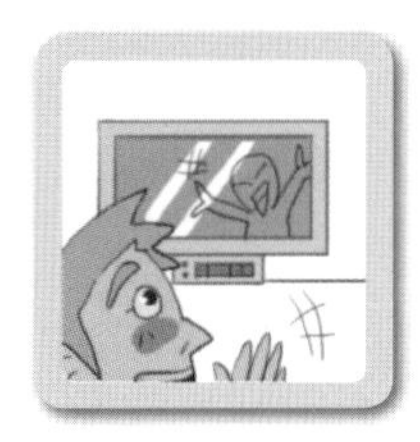

② 다음을 듣고 물음에 답하십시오.

1) 다음에서 내용과 다른 것은 무엇입니까?

❶ 솔롱고 씨는 한국 음식을 좋아해요.

❷ 솔롱고 씨는 오전에 한국어 공부를 해요.

❸ 솔롱고 씨는 점심에 한국 음식을 먹어요.

❹ 솔롱고 씨는 왕동동 씨하고 점심을 먹어요.

2) 솔롱고 씨는 어디에서 점심을 먹습니까?

3) 솔롱고 씨는 몇 시에 점심을 먹습니까?

③ 다음을 듣고 쓰십시오.

1) 나나 씨는 미국 친구를 어디에서 만나요?

❶ 집　❷ 학교　❸ 도서관　❹ 커피숍

2) 나나 씨는 일본 친구하고 저녁에 뭐해요?

❶ 집에서 텔레비전을 봐요.　❷ 도서관에서 숙제를 해요.

❸ 집에서 숙제를 해요.　❹ 극장에서 영화를 봐요.

3) 나나 씨는 몇 시에 잠을 자요?

❶ 9시　❷ 10시　❸ 11시　❹ 12시

④ 다음을 듣고 쓰십시오.

1)

아침	① 일찍 일어나요. ②
오전	① ②

2)

점심	① ②
저녁	① ②

읽기

① 다음을 읽고 쓰십시오.

시간	하루 일과	시간	하루 일과
아침 7시	일어나요.	오후 2시	도서관에서 공부해요.
아침 7시 반	세수해요.	오후 4시	운동해요.
아침 8시	아침(밥)을 먹어요.	오후 5시	샤워해요.
아침 8시 반	학교에 가요.	저녁 6시	저녁(밥)을 먹어요.
오전 9시	수업을 들어요.	저녁 7시	텔레비전을 봐요.
오후 1시	수업이 끝나요.	저녁 8시	숙제해요.
오후 1시 5분	식당에 가요.	밤 10시	친구와 채팅해요.
오후 1시 15분	점심(밥)을 먹어요.	밤 11시	잠을 자요.

❶ 아사코 씨는 아침에 ______________________________

❷ 아사코 씨는 오전에 ______________________________

❸ 아사코 씨는 오후에 ______________________________

❹ 아사코 씨는 저녁에 ______________________________

❺ 아사코 씨는 밤에 ______________________________

2 다음을 읽고 쓰십시오.

저는 아침 일곱 시에 일어나요.
일곱 시 반에 빵과 과일을 먹어요. 그리고 우유도 마셔요.
오전 아홉 시에는 교실에서 한국어 수업을 들어요. 한국어 공부는 재미있어요.
열두 시에는 학생 식당에서 한국 친구와 같이 한국 음식을 먹어요.
오후 두 시에는 도서관에서 공부해요. 그리고 네 시에는 운동을 해요.
저녁 일곱 시에는 집에서 베트남 음식을 먹어요. 그리고 여덟 시에는 숙제를 해요.

시간	하루 일과	시간	하루 일과
7 : 00	일어나요.		

3 다음을 읽고 대답하십시오.

〈왕동동 씨 하루〉

오전에는 중국 친구하고 같이 도서관에 가요. 우리는 도서관에서 같이 공부해요. 그리고 학생 식당에서 한국 친구하고 같이 점심을 먹어요.

오후에는 슈퍼마켓에 가요. 슈퍼마켓에서 라면과 콜라와 과자를 사요. 그리고 집에 와요. 저녁에는 집에서 라면하고 김치를 먹어요. 밤에는 텔레비전을 봐요. 고향 친구와 채팅도 해요. 오늘도 밤 12시에 잠을 자요.

1	왕동동 씨는 언제 도서관에서 공부해요?	
2	왕동동 씨는 누구하고 같이 공부해요?	
3	오늘 누구하고 같이 점심을 먹어요?	
4	왕동동 씨는 슈퍼마켓에서 무엇을 사요?	
5	왕동동 씨는 누구와 채팅을 해요?	
6	왕동동 씨는 몇 시에 잠을 자요?	

쓰기

① 다음 〈보기〉와 같이 쓰십시오.

시간	하루 일과	시간	하루 일과
예) 아침 7시	일어나요.		

② 하루 일과를 쓰십시오.

저는 아침 7시에 일어나요.

① 다음 〈보기〉와 같이 이야기하십시오.

이름	오전	오후	저녁
〈보기〉 동동	공부해요.	도서관에 가요.	텔레비전을 봐요.

② 다음 〈보기〉와 같이 이야기하십시오.

〈보기〉 A : 지금 뭐 해요?
B : 커피를 마셔요.

1 A/V + -아요/어요/여요 (1)

기본형	아요/어요/여요	기본형	아요/어요/여요
앉다	앉아요	먹다	먹어요
받다		없다	
많다		웃다	
가다		울다	
자다		입다	
만나다		읽다	
좋다		있다	
오다		맛있다	
보다		재미있다	
공부하다	공부해요	주다	줘요
청소하다		마시다	마셔요
노래하다		기다리다	기다려요

① 하다 : 오늘 오후에 뭐 해요?

② 마시다 : 친구하고 같이 커피를 마셔요.

③ 끝나다 : 수업이 언제 끝나요?

④ 있다 : 교실에 학생이 ________ .

⑤ 읽다 : 한국어 책을 ________ .

⑥ 보다 : 집에서 텔레비전을 ________ .

⑦ 노래하다 : 친구가 교실에서 ________ .

★ A/V+-ㅂ니다/습니다 | ㅂ니까?/습니까? A/V+-아요/어요/여요 | A/V+-아요?/어요?/여요?

기본형	ㅂ니다/습니다 ㅂ니까?/습니까?	아요/어요/여요 아요?/어요?/여요?	기본형	ㅂ니다/습니다 ㅂ니까?/습니까?	아요/어요/여요 아요?/어요?/여요?
앉다	앉습니다/앉습니까?	앉아요/앉아요?	입다	입습니다/입습니까?	입어요/입어요?
많다			먹다		
가다			웃다		
보다			주다		

2 N + 예요/이에요

① 이것은 책이에요.

② 저는 김정아예요.

③ 마이클은 미국 사람 ______ .

④ 왕동동 씨는 학생 ______ .

⑤ 저기가 학교 ______ .

⑥ 이 사람이 제 친구 ______ .

⑦ 지금은 한국어 수업 시간 ______ .

⑧ 오늘 점심은 한식 ______ .

TIP

N + 이/가 아니에요(N+이/가 아닙니다)
① 저는 선생님이 아니에요.
② 저기는 옷 가게가 아니에요.
③ 이것은 볼펜이 아니에요.

★ N+입니다/입니까?　N+예요/이에요 | 예요?/이에요?

이다	입니다	입니까?	예요/이에요	예요?/이에요?
책상				
의자				

3 N + 에(시간) (4)

① 아침에 빵을 먹어요.

② 오후 한 시에 도서관에 갑니다.

③ 오전 [ ] 는 학교에서 공부를 합니다.

④ 저는 오후 [ ] 운동을 합니다.

⑤ 저는 보통 12시 [ ] 점심을 먹습니다.

⑥ 저는 밤 [ ] 잠을 잡니다.

★ N + 에는

① 오전에는 한국어 수업을 해요.

② 오후 [ ] 도서관에서 공부해요.

③ 저녁 [ ] 숙제를 해요.

참고

오늘**에** 영화를 봐요.(×) 오늘 영화를 봐요.(○)

내일**에** 영화를 봐요.(×) 내일 영화를 봐요.(○)

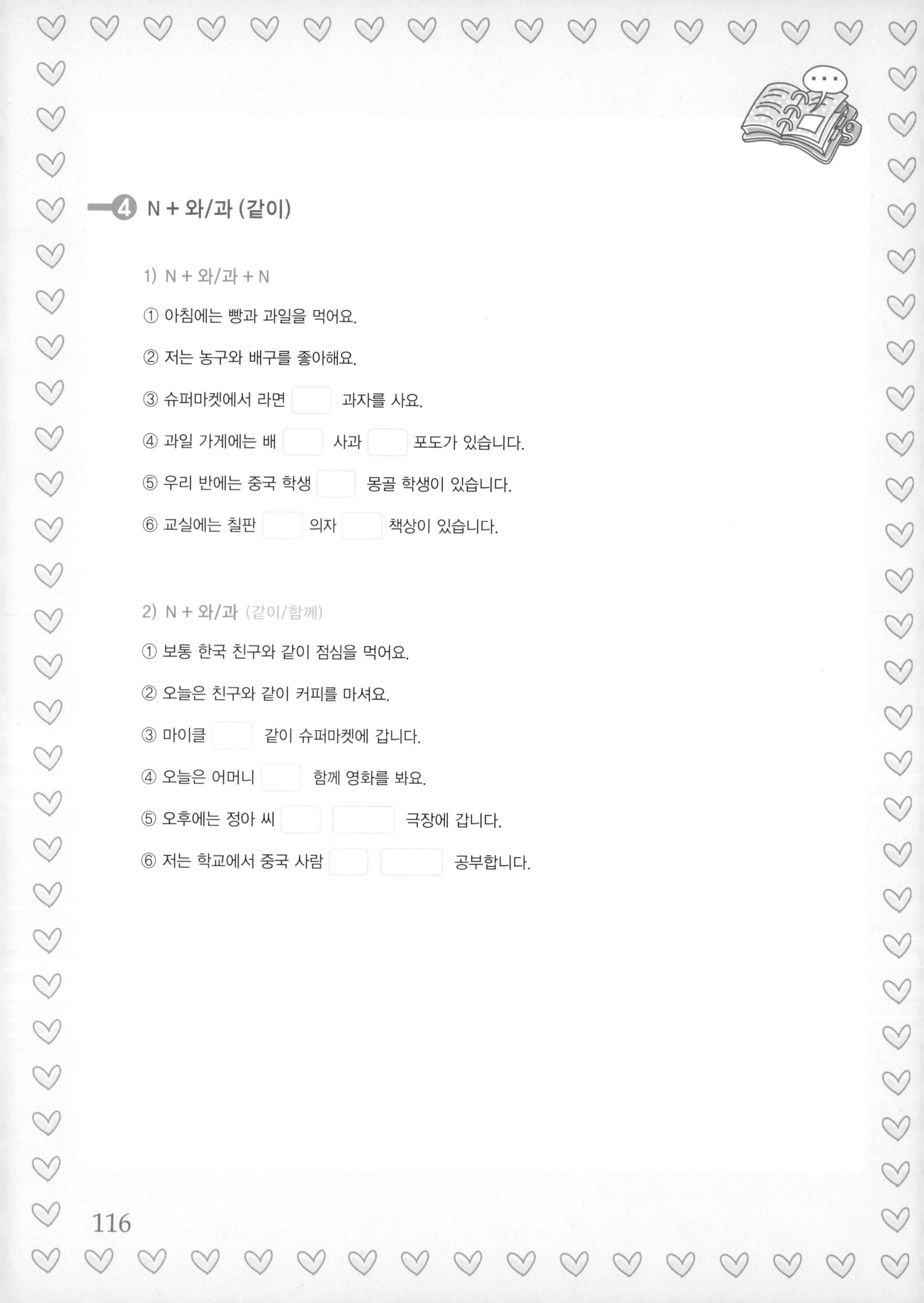

4 N + 와/과 (같이)

1) N + 와/과 + N

① 아침에는 빵과 과일을 먹어요.

② 저는 농구와 배구를 좋아해요.

③ 슈퍼마켓에서 라면 ☐ 과자를 사요.

④ 과일 가게에는 배 ☐ 사과 ☐ 포도가 있습니다.

⑤ 우리 반에는 중국 학생 ☐ 몽골 학생이 있습니다.

⑥ 교실에는 칠판 ☐ 의자 ☐ 책상이 있습니다.

2) N + 와/과 (같이/함께)

① 보통 한국 친구와 같이 점심을 먹어요.

② 오늘은 친구와 같이 커피를 마셔요.

③ 마이클 ☐ 같이 슈퍼마켓에 갑니다.

④ 오늘은 어머니 ☐ 함께 영화를 봐요.

⑤ 오후에는 정아 씨 ☐ ☐ 극장에 갑니다.

⑥ 저는 학교에서 중국 사람 ☐ ☐ 공부합니다.

도입

1. 사람들이 뭐 해요?
2. 생일이 언제예요?
3. 친구 생일에 무슨 선물을 줘요?

5과

생일

본문 1

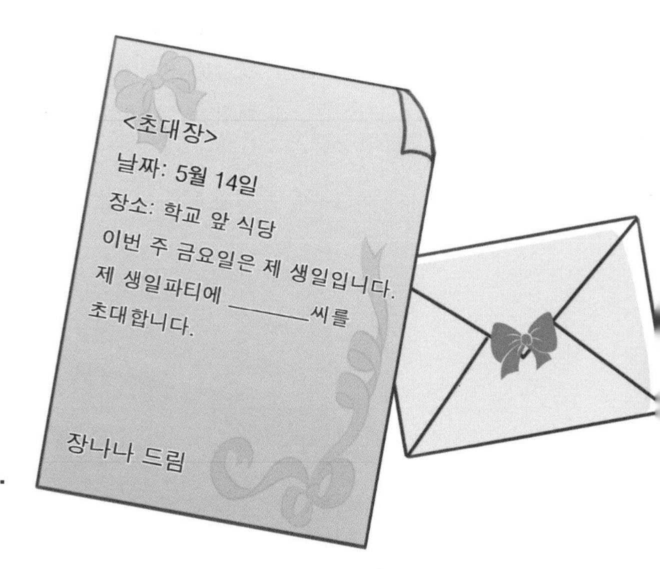

나나 정아 씨 생일은 몇 월 며칠이에요?

정아 지났어요. 4월 17일이에요.

나나 아, 지난 달 17일요?

정아 네, 나나 씨 생일은 언제예요?

나나 제 생일은 이번 달 14일이에요.

정아 다음 주 금요일요?
그럼 우리 나나 씨 생일 파티를 해요.

표현

- 정아 씨 생일은 몇 월 며칠이에요?
- 나나 씨 생일은 언제예요?
- 제 생일은 이번 달 14일이에요.

본문 2

솔롱고 지난 주말에 뭐 했어요?

상 민 친구하고 백화점에서 생일 선물을 샀어요.

솔롱고 누구 생일이에요?

상 민 이번 주 금요일이 나나 씨 생일이에요.

솔롱고 아, 맞아요. 저는 선물을 안 샀어요. 오늘 선물을 사요.
생일 파티는 어디에서 해요?

상 민 학교 앞 식당에서 해요. 솔롱고 씨도 오세요.

표현

- 지난 주말에 뭐 했어요?
- 저는 선물을 안 샀어요.
- 이번 주 금요일이 나나 씨 생일이에요.
- 솔롱고 씨도 오세요.

본문 3

일기

이번 주 금요일, 5월 14일은 나나 씨 생일입니다. 저는 지난 주말에 백화점에 갔습니다. 백화점에서 지갑을 샀습니다. 나나 씨 생일 선물입니다.

나나 씨는 저에게 생일 초대장을 주었습니다. 우리 반 친구들에게도 모두 초대장을 주었습니다.

우리 반 친구들은 금요일 저녁에 학교 앞 식당에서 만납니다. 그 식당에서 나나 씨 생일 축하 파티를 합니다.

표현

- 우리 반 친구들에게도 모두 초대장을 주었습니다.

발음

- 몇 월 [며둴]
- 금요일 [그묘일]
- 선물을 샀어요 [선무를사써요]
- 생일 축하 [생일추카]
- 학교 [학꾜]

본문어휘

금요일	누구	며칠	반	생일	파티	초대장
일	주	월	달	주말	다음	이번
지난	그럼	맞다	지나다			

어휘 +

공원	길	시내	어린이	영어	이메일	케이크
무슨	다시	아직	요즘	정말	혼자	가르치다
닫다	쉬다	초대하다	돈을 찾다			

준말

무엇 → 뭐　　무엇이 → 뭐가　　무엇을 → 뭐를 → 뭘 다음을 보고 친구와 이야기하십시오.

1) 요일

일요일	월요일	화요일	수요일	목요일	금요일	토요일

2) 월

1월	2월	3월	4월	5월	6월
일월	이월	삼월	사월	오월	유월
7월	8월	9월	10월	11월	12월
칠월	팔월	구월	시월	십일월	십이월

참고

그저께	어제	오늘	내일	모레
	지난달	이번 달	다음 달	
	작년	올해	내년	

5월

일	월	화	수	목	금	토	
						1	
2	3	4	5 어린이날	6	7	8 어버이날	지난주
9	10	11	12 오늘	13	14 장나나 생일	15 스승의 날	이번 주
16	17	18	19	20	21 석가탄신일	22	다음 주
23 / 30	24 / 31	25	26	27	28	29	

A : 오늘이 몇 월 며칠이에요?
B : 5월 12일이에요.

A : 오늘이 무슨 요일이에요?
B : 수요일이에요.

A : 어버이날은 언제예요?
B : 5월 8일이에요.

말하기 연습

① 친구하고 이야기하십시오.

1)

오늘이 무슨 요일이에요?	수요일이에요.
내일	
어제	

2)

이번 주 토요일이 며칠이에요?	15일이에요.
지난주 수요일	
다음 주 금요일	

3)

생일이 몇 월 며칠이에요?	4월 17일이에요.

② 다음 〈보기〉와 같이 이야기하십시오

〈보기〉

어제	친구, 영화, 보다
오늘	도서관, 공부하다

A : 어제 뭐 했어요?
B : 친구하고 영화를 봤어요.
A : 오늘은 뭐 해요?
B : 도서관에서 공부해요.

❶
어제	책, 읽다
오늘	체육관, 운동하다

❷
어제	생일 파티, 가다
오늘	친구, 만나다

❸
어제	집, 쉬다
오늘	시내, 가다

❹
어제	친구, 중국 음식, 먹다
오늘	집, 숙제하다

❺
어제	집, 청소하다
오늘	텔레비전, 보다

❻
어제	
오늘	

③ 다음 〈보기〉와 같이 이야기하십시오

〈보기〉

지난 주말	백화점, 가다
	친구 생일 선물, 사다

A : 지난 주말에 뭐 했어요?
B : 백화점에 갔어요.
A : 백화점에서 뭐 했어요?
B : 친구 생일 선물을 샀어요.

❶
어제	학교, 가다
	한국어, 공부하다

❷
오늘 오후	공원, 가다
	농구하다

❸
오전	은행, 가다
	돈, 찾다

❹
그저께	영화관, 가다
	한국 영화, 보다

④ 다음 〈보기〉와 같이 이야기하세요.

〈보기〉

도서관, 가다
집, 공부하다

A : 오늘 도서관에 갔어요?
B : 아니요, 안 갔어요.
오늘은 집에서 공부했어요.

❶ 한국 음식, 먹다 / 중국 음식, 먹다
❷ 텔레비전, 보다 / 친구, 커피, 마시다
❸ 운동, 하다 / 공부하다
❹ 책, 읽다 / 영화, 보다

⑤ 다음 〈보기〉와 같이 이야기하세요.

〈보기〉

내일, 생일
파티, 오다

A : 내일이 제 생일이에요.
생일 파티에 오세요.
B : 고마워요.

❶ 저기, 은행 / 돈, 찾다
❷ 여기, 자리 있다 / 여기, 앉다
❸ 이 영화, 재미있다 / 이 영화, 보다
❹ 이 가게, 싸다 / 여기, 사다

⑥ 다음 〈보기〉와 같이 이야기하세요.

〈보기〉

누구, 이메일, 보내다
친구

A : 누구에게 이메일을 보냈어요?
B : 친구에게 보냈어요.

❶ 누구, 전화, 하다 / 동생
❷ 누구, 선물, 주다 / 남자 친구
❸ 누구, 돈, 주다 / 친구
❹ 누구, 한국어, 가르치다 / 학생

듣기

① 다음을 듣고 물음에 답하십시오.

1) 두 사람은 어제 무엇을 했습니까?

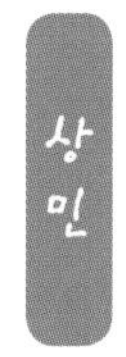

❶ 

❷ 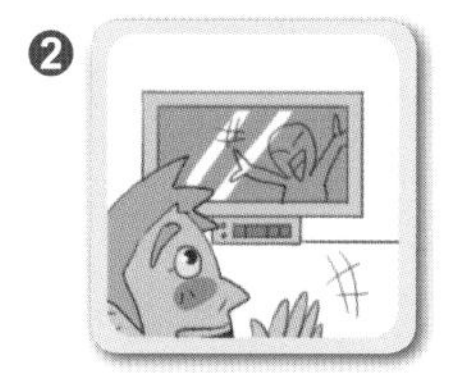

❸ 

❹ 

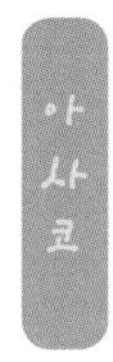

❶ 

❷ 

❸ 

❹ 

2) 들은 내용과 같은 것은 무엇입니까?

❶ 상민 씨는 오늘 숙제가 아주 많습니다.

❷ 아사코 씨는 오늘 오후에 도서관에서 공부합니다.

❸ 상민 씨는 어제 점심에 친구들과 밥을 먹었습니다.

❹ 아사코 씨는 어제 저녁에 상민 씨와 같이 노래방에 갔습니다.

② 다음을 듣고 맞는 것을 고르세요.

1) 카잉 씨 생일은 언제입니까?

❶ 그저께　❷ 어제　❸ 오늘　❹ 내일

2) 생일 선물은 무엇입니까?

❶ 목걸이　❷ 목도리　❸ 운동화　❹ 농구공

3) 왜 이 생일 선물을 준비했습니까?

❶ 카잉 씨는 농구를 좋아합니다.　❷ 카잉 씨는 돈이 없습니다.

❸ 카잉 씨는 운동화를 좋아합니다.　❹ 카잉 씨 생일에는 친구들이 옵니다.

③ 다음을 듣고 물음에 답하십시오.

5 May

일	월	화	수	목	금	토	
						1	
2	3	4	5	6	7	8	지난주
9	10	11	12	13	14 오늘	15	이번 주
16	17	18	19	20	21	22	다음 주
23 / 30	24 / 31	25	26	27	28	29	

1) 동동 씨 생일 파티는 무슨 요일에 합니까?

❶ 일요일 ❷ 수요일 ❸ 금요일 ❹ 토요일

2) 동동 씨 생일은 몇 월 며칠입니까?

3) 들은 내용과 다른 것은 무엇입니까?

❶ 우리 반 친구들이 파티에 옵니다.

❷ 솔롱고 씨는 영어 책을 샀습니다.

❸ 장나나 씨는 선물을 안 샀습니다.

❹ 동동 씨 생일 파티는 동동 씨 집에서 합니다.

4 다음을 듣고 물음에 답하십시오.

1) 오늘은 누구 생일입니까?

❶ 동동 ❷ 나나 ❸ 카잉 ❹ 솔롱고

2) 생일 파티는 어디에서 합니까?

( )

3) 몇 명이 생일 파티에 갑니까?

❶ 1명 ❷ 2명 ❸ 3명 ❹ 4명

4) 몇 시에 생일 파티를 합니까?

❶ 오전 1시 ❷ 오후 1시 ❸ 오전 11시 ❹ 오후 11시

5) 누가 카잉 씨에게 전화했습니까?

❶ 동동 ❷ 나나 ❸ 카잉 ❹ 솔롱고

읽기

1 다음을 읽고 물음에 답하십시오.

〈일기〉

다음 주 수요일, 5월 19일은 예은 씨 생일입니다. 저는 지난 주말에 백화점에 갔습니다. 백화점에서 가방을 한 개 샀습니다. 류환 씨는 서점에 갔습니다. 서점에서 책을 한 권 샀습니다. 준서 씨는 아직 선물을 안 샀습니다.

예은 씨는 우리 반 친구들에게 모두 생일 초대장을 주었습니다. 우리 반 친구들은 모두 화요일 저녁에 예은 씨 집에서 생일 축하 파티를 합니다. 저는 우리 반 친구들하고 같이 갑니다.

1) 예은 씨 생일은 언제입니까?

2) 생일 파티는 어디에서 합니까?

❶ 학교 앞 커피숍 ❷ 학생 식당 ❸ 예은 씨 집 ❹ 기숙사

3) 예은 씨 생일 선물은 무엇입니까?

4) 류환 씨는 어디에서 무슨 선물을 샀습니까?

어디 : 선물 :

5) 누가 생일 파티에 갑니까?

② 다음을 읽고 물음에 답하십시오.

〈정아 일기〉

지난주 목요일에 저는 준서 씨와 함께 영화관에 갔어요. 영화 〈사랑〉을 봤어요. 영화는 재미있었어요.

오늘도 준서 씨를 만났어요. 우리는 커피숍에서 커피를 마셨어요. 그리고 다시 영화 이야기를 했어요.

〈서영 일기〉

지난주 금요일에 저는 상민 씨와 함께 서점에 갔어요. 우리는 서점에서 책을 봤어요. 그리고 한국어 책을 샀어요.

오늘은 친구를 안 만났어요. 집에서 혼자 책을 읽었어요.

1) 언제 무엇을 했어요?

	언제	무엇
정아 일기		
서영 일기		

2) 같으면 ○, 다르면 X 하세요.

❶ 정아 씨는 오늘 커피를 마셨어요.(　　)

❷ 정아 씨는 오늘 영화를 봤어요.(　　)

❸ 서영 씨는 오늘 친구를 만났어요.(　　)

❹ 서영 씨는 오늘 청소를 했어요.(　　)

쓰기

① 다음 〈보기〉와 같이 쓰십시오.

〈보기〉

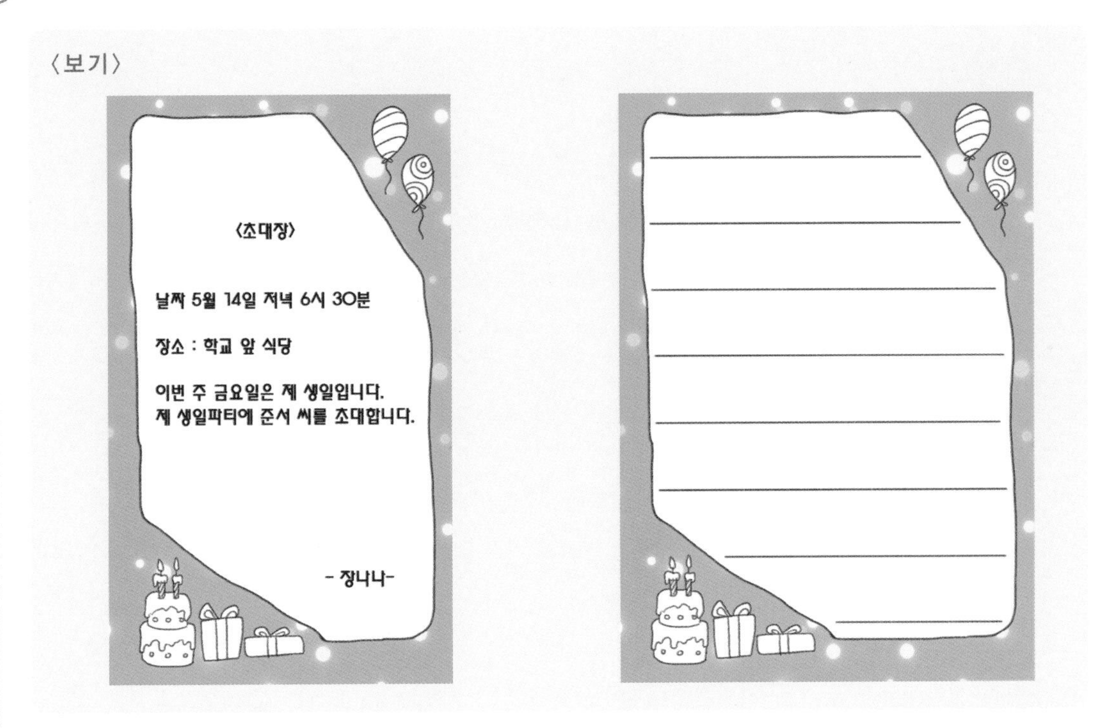
〈초대장〉

날짜 5월 14일 저녁 6시 30분

장소 : 학교 앞 식당

이번 주 금요일은 제 생일입니다.
제 생일파티에 준서 씨를 초대합니다.

- 장나나-

② 다음 〈보기〉와 같이 쓰십시오.

〈보기〉

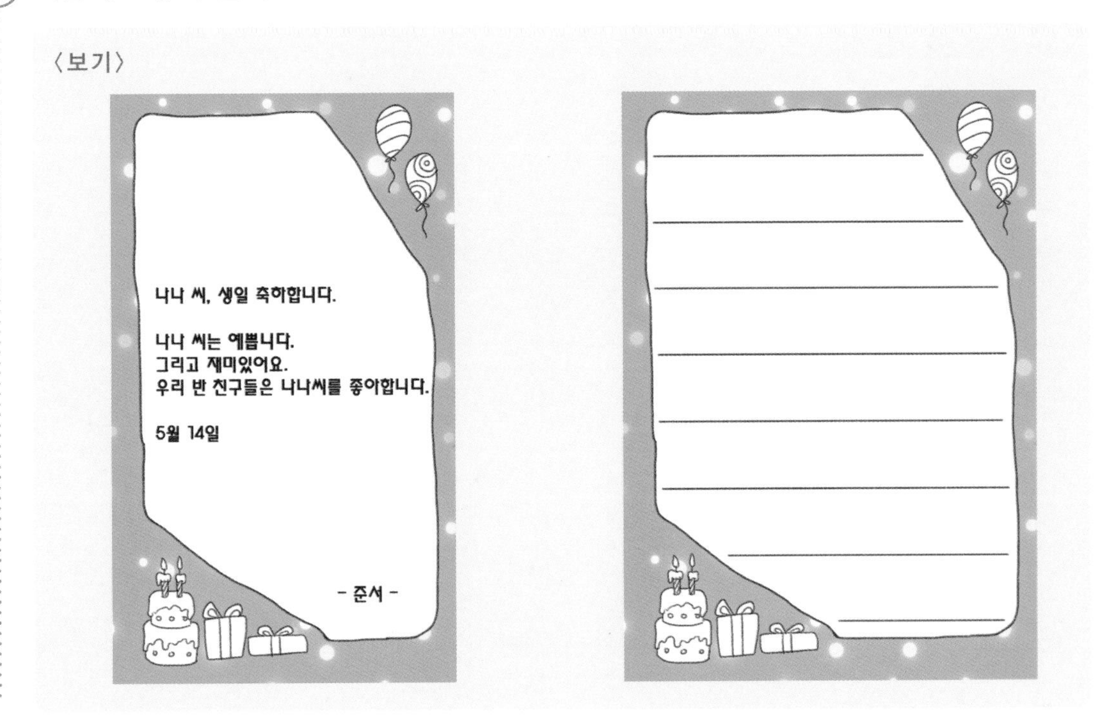
나나 씨, 생일 축하합니다.

나나 씨는 예쁩니다.
그리고 재미있어요.
우리 반 친구들은 나나씨를 좋아합니다.

5월 14일

- 준서 -

③ **다음 일기를 보고 생일 파티 일기를 쓰십시오.**

오늘은 동동 씨 생일이었어요. 우리 반 친구들은 학교 앞 커피숍에서 저녁 6시에 만났어요. 케이크를 샀어요. 생일 축하 노래를 했어요.

우리는 모두 생일 선물을 샀어요. 저는 지갑을, 나나 씨는 티셔츠를, 카잉 씨는 운동화를 동동 씨에게 줬어요. 동동 씨는 정말 좋아했어요. 오늘 파티는 아주 재미있었어요.

말하기 활동

① 무슨 요일이에요?

* 준비 : 학생들 3-4조로 나누어 요일카드 1세트씩을 나누어 줍니다.
* 교사 : '오늘은 월요일입니다. 내일!' 하고 말하면 학생들은 화요일 카드를 집습니다.

일요일	월요일	화요일	수요일	목요일	금요일	토요일

❶ 오늘은 화요일이에요. 내일은 무슨 요일이에요?
❷ 오늘은 화요일입니다. 모레는 무슨 요일입니까?
❸ 내일은 월요일이에요. 어제는 무슨 요일이에요?
❹ 오늘은 목요일! 내일은요?
❺ 오늘은 토요일! 모레는요?
❻ 오늘은 목요일! 그저께는요?

② '오늘'은 몇 월 며칠이에요?

* 준비 : '그저께', '오늘', '내일', '모레', '어제' 카드
* 방법 : 교사 : '오늘' 카드를 듭니다.
학생들 : '오늘은 10월 13일 수요일입니다.'

그저께	어제	오늘 10.13	내일	모레

〈10월〉

일	월	화	수	목	금	토
					1	2
3	4	5	6	7	8	9
10	11	12	13	14	15	16
17	18	19	20	21	22	23
24	25	26	27	28	29	30

❶ 어제!　❷ 내일!　❸ 그저께!　❹ 모레!

③

1) 언제 한국에 왔어요?
2) 언제 영화를 봤어요?
3) 지난 주말에 뭐 했어요?
4) 그 옷을 언제 샀어요?

❶ A/V + -았/었/였-

기본형	과거		기본형	과거	
	았어요	았습니다		었어요	었습니다
앉다	앉았어요	앉았습니다	먹다	먹었어요	먹었습니다
받다			없다		
많다			일어나다		
좋다			웃다		
가다			울다		
자다			주다		
만나다			입다		
오다			읽다		
보다			있다		
공부하다	공부했어요	공부했습니다	맛있다		
청소하다			재미있다		
노래하다			마시다		
좋아하다			기다리다		

① 만나다 : 저는 어제 친구를 만났어요.

② 가다 : 지난주에 친구하고 도서관에 ______ .

③ 공부하다 : 지난 주말에 도서관에서 ______ .

④ 재미있다 : 영화가 정말 ______ .

⑤ 읽다 : 그저께 책을 ______ .

2 안 + A/V

① 저는 친구를 안 만났어요.

② 오늘은 공부 [ ] 했어요.

③ 솔롱고 씨는 선물을 [ ] 샀어요.

④ 오늘은 토요일입니다. 학교에 [ ] 갑니다.

⑤ 내일은 파티를 [ ] 합니다.

3 V + -(으)세요

① 오다 : 생일 파티에 오세요.

② 읽다 : 이 책을 [ ] .

③ 주다 : 빵 세 개 [ ] .

④ 앉다 : 여기 [ ] .

⑤ 닫다 : 문을 [ ] .

기본형	-세요	기본형	-(으)세요
가다	가세요	앉다	앉으세요
오다		받다	
만나다		씻다	
일어나다		웃다	
오다		입다	
보다		읽다	
주다		*있다/계시다	계세요
요리하다		*먹다/드시다	드세요
청소하다		*자다/주무시다	주무세요

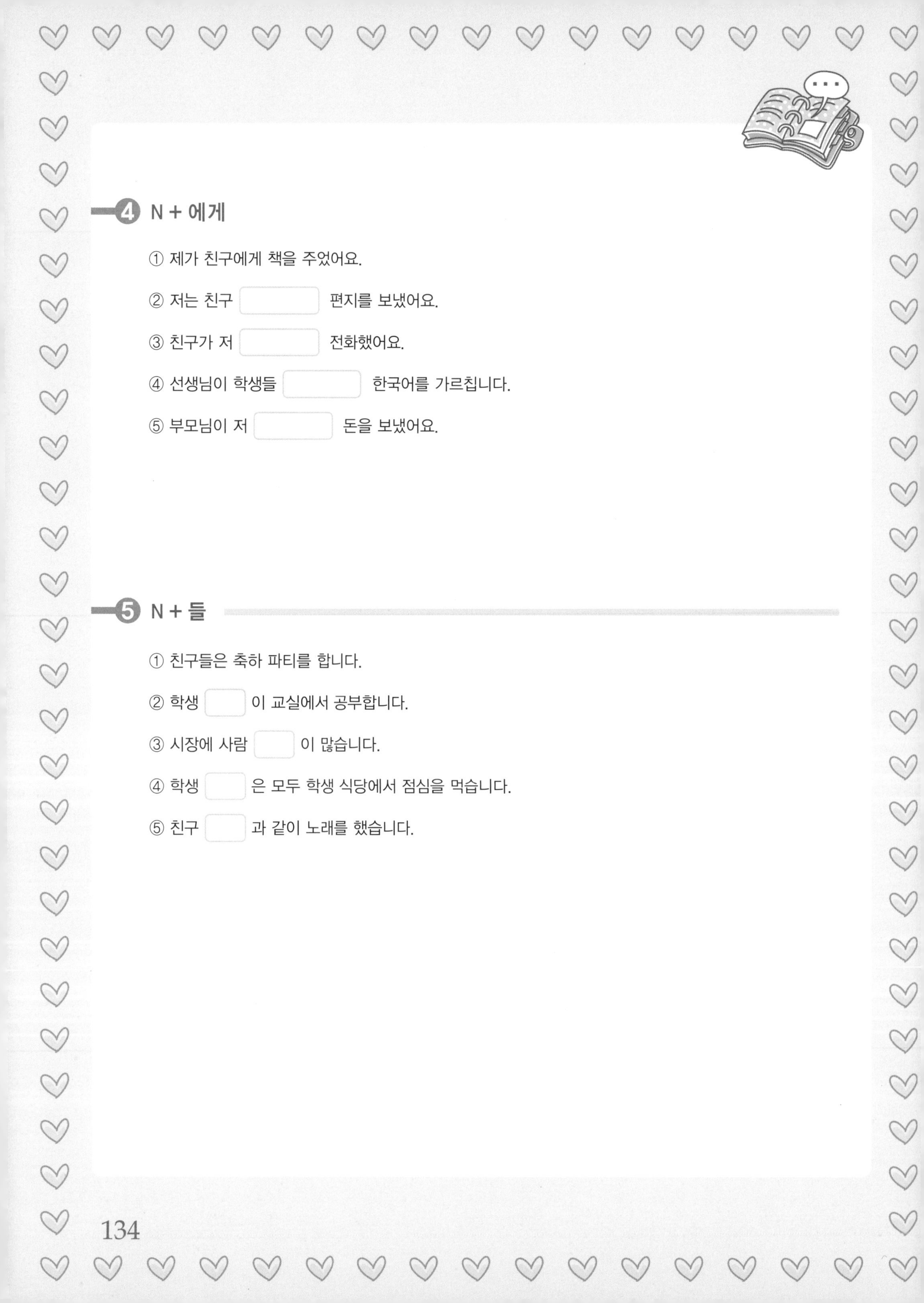

4 N + 에게

① 제가 친구에게 책을 주었어요.

② 저는 친구 [ ] 편지를 보냈어요.

③ 친구가 저 [ ] 전화했어요.

④ 선생님이 학생들 [ ] 한국어를 가르칩니다.

⑤ 부모님이 저 [ ] 돈을 보냈어요.

5 N + 들

① 친구들은 축하 파티를 합니다.

② 학생 [ ] 이 교실에서 공부합니다.

③ 시장에 사람 [ ] 이 많습니다.

④ 학생 [ ] 은 모두 학생 식당에서 점심을 먹습니다.

⑤ 친구 [ ] 과 같이 노래를 했습니다.

도입

1. 이것은 무슨 음식이에요?
2. 보통 무슨 음식을 먹어요?
3. 무슨 음식을 좋아해요?

6과

음식

본문 1

김정아　무슨 음식을 좋아해요?

왕동동　저는 한국 음식을 좋아해요.

　　　　특히 불고기를 좋아해요.

김정아　김치도 좋아해요?

왕동동　네, 김치도 좋아해요.

김정아　맵지 않아요?

왕동동　조금 매워요. 하지만 잘 먹어요.

표현
- 무슨 음식을 좋아해요?
- 한국 음식을 좋아해요.
  특히 불고기를 좋아해요.
- 맵지 않아요? 조금 매워요.

본문 2

김정아　뭘 먹고 싶어요?

왕동동　불고기를 먹고 싶어요.

　　　　정아 씨는 뭘 먹고 싶어요?

김정아　저도 불고기를 먹고 싶어요. 여기요!

종업원　뭘 드시겠어요?

김정아　불고기 2인분 주세요.

김정아　맛있어요?

왕동동　네, 아주 맛있어요.

김정아　여기 냉면도 맛있어요. 냉면도 드시겠어요?

왕동동　네, 좋아요.

표현
- 뭘 먹고 싶어요?
- 뭘 드시겠어요?
  불고기 2인분 주세요.
- 여기요!

본문 3

저는 한국 음식을 아주 좋아합니다. 특히 불고기를 아주 좋아합니다. 저는 김치찌개도 아주 좋아합니다. 김치찌개는 조금 맵지만 맛있습니다. 그러나 된장찌개는 좋아하지 않습니다.

오늘은 한국 친구하고 같이 불고기를 먹었습니다. 냉면도 먹었습니다. 내일은 순두부찌개를 먹고 싶습니다.

- 김치찌개는 맵지만 맛있습니다.

- 맵지 않아요 [맵찌아나요]
- 먹고 싶어요 [먹꼬시퍼요] / 먹고 싶습니다[먹꼬십씀니다]
- 특히 [트키]
- 좋아요 [조아요] / 좋아하지 않습니다 [조아하지안씀니다]

본문어휘

김치	김치찌개	냉면	된장찌개	불고기	순두부찌개
인분	종업원	그러나	하지만	잘	특히
드시다	맵다	어떻다			

어휘 +

갈비	돈가스	만두	짬뽕	탕수육	맛
먼저	문제	성적	세계	시험	동대문시장
다	많이	자주	가깝다	가볍다	돕다
덥다	멀다	무겁다	쉽다	아름답다	아프다
잡다	좁다	차갑다	춥다	편리하다	피곤하다
행복하다	담배를 피우다				

말하기 연습

① 다음 〈보기〉와 같이 이야기하십시오.

〈보기〉 A : 무슨 음식을 좋아해요?
B : 저는 한식을 좋아해요. 특히 불고기를 좋아해요.

❶ 한식, 된장찌개
❷ 중국 음식, 자장면
❸ 일식, 초밥
❹ 양식, 스테이크
❺ 베트남 음식, 쌀국수

여러가지 음식

② 다음 〈보기〉와 같이 이야기하십시오.

〈보기〉 A : 뭘 먹고 싶어요?
B : 김치찌개를 먹고 싶어요.
A : 김밥은 어때요?
B : 네, 좋아요.

❶ 삼겹살, 된장찌개 ❷ 치킨, 피자
❸ 라면, 떡볶이 ❹ 칼국수, 비빔밥 ❺ ☐, ☐

③ 다음 〈보기〉와 같이 이야기하십시오.

〈보기〉 A : 김치가 매워요?
B : 네, 아주 매워요.

❶ A : 사탕 B : 달다 ❷ A : 라면 B : 짜다
❸ A : 커피 B : 쓰다 ❹ A : 오렌지 B : 시다

맛

맵다
매워요

달다
달아요

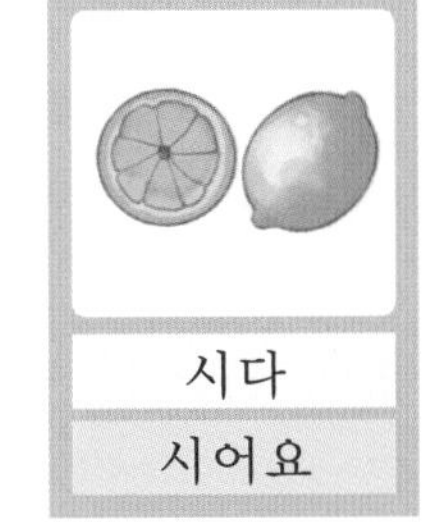
시다
시어요

쓰다
써요

짜다
짜요

④ 다음 〈보기〉와 같이 이야기하십시오.

〈보기〉 종업원 : 뭘 드시겠어요?
　　　　손님 : 갈비탕 1인분하고 비빔밥 2인분 주세요.

❶ 갈비, 냉면　　❷ 칼국수, 라면　　❸ 불고기, 된장찌개
❹ 삼겹살, 김치찌개　　❺ ______ , ______

⑤ 다음 〈보기〉와 같이 이야기하십시오.

〈보기〉 A : 무슨 음식을 좋아해요?
　　　　B : 순두부찌개를 좋아해요.
　　　　A : 불고기는 어때요?
　　　　B : 불고기는 좋아하지 않아요.

❶ 김치찌개　　❷ 양식　　❸ 김밥　　❹ ______
　된장찌개　　　일식　　　라면　　　______

⑥ 다음 〈보기〉와 같이 이야기하십시오.

〈보기〉 정아 : 오늘 저녁에 무엇을 하고 싶어요?
동동 : 우리 셋이 같이 영화를 보고 싶어요.
정아 : 나나 씨, 동동 씨는 저녁에 영화를 보고 싶어 해요.
나나 : 미안해요. 저는 오늘 저녁에 시간이 없어요.

❶ 커피, 마시다 ❷ 음악, 듣다 ❸ 비빔밥, 먹다
❹ 게임, 하다 ❺ 도서관, 가다 ❻ ______

⑦ 다음 〈보기〉와 같이 이야기하십시오.

	두 문장	-지만	한 문장
〈보기〉	김치는 매워요. 맛있어요.	→	김치는 맵지만 맛있어요.
1	친구는 김치를 좋아해요. 저는 좋아하지 않아요.	→	
2	동대문시장은 값이 싸요. 좀 멀어요.	→	
3	아빠는 술을 좋아해요. 어제는 안 드셨어요.	→	
4	그 책을 사고 싶어요. 돈이 없어요.	→	
5	어제 잠을 안 잤어요. 오늘 피곤하지 않아요.	→	
6	도서관에는 갔어요. 공부는 안 했어요.	→	
7		→	

듣기

① 다음을 듣고 물음에 답하십시오.

1) 이 사람들은 뭘 먹습니까? ✓표 하십시오.

된장찌개		스테이크	
자장면		쌀국수	
초밥		김밥	

2) 이 사람들은 지금 어디에 있습니까?

❶ 한식집 ❷ 양식집

❸ 중국음식집 ❹ 일식집

② 다음을 듣고 물음에 답하십시오.

1) 정아 씨는 무슨 음식을 좋아합니까?

❶ 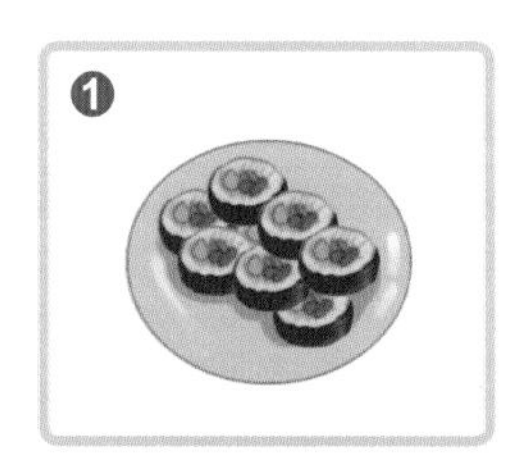

❷ 

❸ 

❹ 

2) 정아 씨는 왜 잡채를 좋아합니까?

❶ 잡채는 안 매워요. ❷ 잡채는 뜨거워요.

❸ 잡채는 맛있어요. ❹ 잡채는 매워요.

3) 두 사람은 오늘 점심에 무엇을 먹습니까?

❶ 김밥 ❷ 라면

❸ 잡채 ❹ 칼국수

3 다음을 듣고 물음에 답하십시오.

1) 점심과 저녁에 무엇을 먹었습니까?

❶ 쌀국수 – 김치찌개 ❷ 김치라면 – 쌀국수

❸ 만두 – 삼계탕 ❹ 삼계탕 – 쌀국수

2) 누가 김치를 먹지 않습니까?

3) 들은 내용과 같은 것은 무엇입니까?

❶ '나'는 일본 사람이 아닙니다.

❷ 삼계탕은 뜨겁지 않았습니다.

❸ 저녁에는 삼계탕을 먹지 않았습니다.

❹ 마이클 씨는 삼계탕을 좋아하지 않습니다.

4 다음을 듣고 물음에 답하십시오.

1) 카잉 씨는 오늘 무엇을 하고 싶어 합니까?

❶ 오후에 영화를 보고 싶어 합니다.

❷ 밤에 친구와 이야기를 하고 싶어 합니다.

❸ 여자 친구와 한식을 먹고 싶어 합니다.

❹ 저녁에 상민 씨와 차를 마시고 싶어 합니다.

2) 이야기와 같은 것을 고르십시오.

❶ 상민 씨는 영화를 보고 싶어 합니다.

❷ 나나 씨는 카잉 씨 여자 친구입니다.

❸ 상민 씨는 저녁에 카잉 씨를 만납니다.

❹ 카잉 씨는 저녁을 먹고 싶어 하지 않습니다.

읽기

1 다음을 읽고 물음에 답하십시오.

오늘은 친구하고 학교 앞 식당에서 점심을 먹었어요. 나는 김치찌개를 먹었어요. 나는 김치찌개를 아주 좋아해요. 김치찌개는 조금 맵지만 맛있어요. 하지만 친구는 김치찌개를 좋아하지 않아요. 친구는 갈비탕을 좋아해요. 갈비탕은 맵지 않아요. 그래서 친구는 갈비탕을 먹었어요. 우리 두 사람은 모두 불고기를 좋아해요. 그래서 내일 저녁에는 같이 불고기를 먹고 싶어요.

1) 어디에서 점심을 먹었어요?

2) 나와 친구는 무엇을 먹었어요?

나 : 친구 :

3) 친구는 왜 갈비탕을 좋아해요?

4) 두 사람 모두 무슨 음식을 좋아해요?

2 다음을 읽고 물음에 답하십시오.

동동 : 카잉 씨는 한국 음식을 좋아해요?
카잉 : 불고기는 좋아하지만 삼계탕은 좋아하지 않아요.
동동 : 왜요? 삼계탕이 맛이 없어요?
카잉 : 아니요, 맛있어요. 그런데 뜨거워요. 동동 씨는 무슨 음식을 좋아해요?
동동 : 저는 모두 좋아해요. 특히 잡채와 자장면을 좋아해요.
카잉 : 자장면도 한국 음식이에요?
동동 : 아니요, 한국 음식이 아니에요.

1) 두 사람이 무슨 이야기를 합니까?

❶ 공부 ❷ 나라 ❸ 음식 ❹ 직업

2) 카잉 씨가 무슨 음식을 좋아합니까?

❶ 불고기 ❷ 삼계탕 ❸ 비빔밥 ❹ 자장면

3) 카잉 씨는 왜 삼계탕을 좋아하지 않습니까?

❶ 달아요. ❷ 매워요. ❸ 뜨거워요. ❹ 맛이 없어요.

4) 이야기와 같은 것을 고르십시오.

❶ 잡채는 맛있지만 뜨겁습니다. ❷ 삼계탕은 뜨겁지만 맛있습니다.

❸ 카잉 씨는 삼계탕을 자주 먹습니다. ❹ 카잉 씨는 자장면을 좋아하지 않습니다.

③ 다음을 읽고 물음에 답하십시오.

저는 한국 친구가 있습니다. 어제 그 친구를 만났습니다. 저는 그 친구에게 말했습니다.
"한국 음식을 먹고 싶어요."
친구는 나나 씨하고 저를 집에 초대했습니다.
"내일 저녁에 불고기하고 잡채하고 된장찌개를 준비하겠어요."
저는 잡채를 정말 좋아합니다.
나나 씨는 불고기를 먹고 싶어 합니다.

1) 내일 무엇을 먹습니까? 모두 고르십시오.

❶ 불고기 ❷ 잡채 ❸ 된장찌개 ❹ 김치찌개

2) 두 사람은 무엇을 먹고 싶어 합니까?

❶ 나 : ❷ 나나 씨 :

3) 두 사람은 언제 한국 친구 집에 갑니까?

쓰기

1 메뉴판을 완성하십시오.

❶ 중국음식집

탕수육	12,000원
	4,000원
	4,500원
만두	원

❷ 한식집

불고기	8,000원
	9,000원
냉면	5,000원
갈비탕	5,000원
	원

❸ 일식집 / 양식집

초밥	2,000원
생선회	원
돈가스	원
	원

❹ 분식집

김밥	2,000원
칼국수	4,000원
떡볶이	3,000원
라면	1,500원

2 다음 내용을 포함하여 쓰십시오.

무슨 음식을 좋아합니까? 왜 그 음식을 좋아합니까?
오늘은 무슨 음식을 먹었습니까? 내일은 누구와 어디에서 무슨 음식을 먹고 싶습니까?

저는 한국 음식을 좋아합니다. 특히

말하기 활동

① A팀이 문장 카드를 들면 B팀은 이 문장을 〈보기〉와 같이 부정문으로 바꾸십시오.

〈보기〉

A팀

교실에서는 담배를 피웁니다.

→

B팀

교실에서 담배를 피우지 않습니다.

교실에서 담배를 안 피웁니다.

A팀

교실에서 음식을 먹습니다.

→

B팀

A팀

수업 시간에 휴대폰을 봅니다.

→

B팀

A팀

→

B팀

A팀

→

B팀

② 다음 〈보기〉와 같이 이야기하십시오.

〈보기〉

A : 천만 원이 있어요.
무엇을 하고 싶어요?

B : 세계 여행을 하고 싶어요.

→

A : B씨가 세계 여행을 하고 싶어 해요.

C : 아, 그래요?

❶

A : 천만 원이 있어요.
무엇을 하고 싶어요?

B : ____________ 을/를 하고 싶어요.

→

A : B씨가 ______ 을/를 하고 싶어 해요.

C : 아, 그래요?

❷

A : 주말에 날씨가 좋아요.
무엇을 하고 싶어요?

B : ____________ 을/를 하고 싶어요.

→

A : B씨가 ______ 을/를 하고 싶어 해요.

C : 아, 그래요?

❸

A : 생일날 무슨 선물을
받고 싶어요?

B : ____________ 을/를 하고 싶어요.

→

A : B씨가 ______ 을/를 하고 싶어 해요.

C : 아, 그래요?

③ 음식을 주문하십시오.

한식메뉴

김치찌개	7,000원
된장찌개	7,000원
순두부찌개	7,000원
불고기	12,000원
갈비	12,000원
냉면	7,000원
갈비탕	9,000원
삼계탕	12,000원
비빔밥	5,000원

양식메뉴

피자	25,000원
스파게티	12,000원
스테이크	25,000원
돈가스	9,000원
카레라이스	8,000원
오므라이스	8,000원
셀러드	8,000원

A :

B :

A :

B :

A :

B :

A :

B :

❶ 'ㅂ' 불규칙

기본형	-아/어요	-았/었어요	-ㅂ니다/습니다	기본형	-아/어요	-았/었어요	-ㅂ니다/습니다
맵다	매워요	매웠어요	맵습니다	어렵다			
뜨겁다				쉽다			
차갑다				아름답다			
고맙다				반갑다			
무겁다				*돕다	도와요	도왔어요	돕습니다
가볍다				**입다	입어요	입었어요	입습니다
춥다				**잡다			
덥다				**좁다			

① 김치가 매워요.

② 어제 초등학교 친구를 만났어요. 정말 [   ]. (반갑다)

③ [   ]. 잘 먹었어요. (고맙다)

④ A : 가방이 무거워요?
B : 아니요. [   ]. (가볍다)

⑤ A : 날씨가 [   ]? (춥다)
B : 아니요. 안 춥습니다.

⑥ A : 시험이 어려워요?
B : 아니요. [   ]. (쉽다)

⑦ 산이 정말 [   ]. (아름답다)

⑧ 어제는 할머니를 [   ]. 기분이 좋았어요. (돕다)

⑨ 동생이 옷을 다 [   ]. (입다)

❷ A/V + -지 않다

① 어제 저는 학교에 가지 않았어요.

② 친구를 기다렸어요. 하지만 친구는 [ ] . (오다)

③ 시간이 없었어요. 그래서 저녁을 [ ] . (먹다)

④ 시험문제는 [ ] . 그래서 저는 시험을 잘 봤어요. (어렵다)

⑤ 저는 김치를 [ ] . (좋아하다)

❸ V + -고 싶다/싶어하다

1) V + -고 싶다

① A : 뭐 먹고 싶어요?
B : 저는 불고기를 먹고 싶어요.

② A : 제주도에 [ ] ? (가다)
B : 네, 제주도에 [ ] .

③ 무슨 영화를 [ ] ? (보다)

④ 저는 오후에 운동을 [ ] . (하다)

⑤ 내일 부산에서 친구를 [ ] . (만나다)

2) V + -고 싶어 하다

① 제 친구는 한국어를 배우고 싶어 해요.

② 제 부모님은 한국에 [ ] . (오다)

③ 동생은 농구를 [ ] . (하다)

④ 한국 친구들은 중국 음식을 [ ] . (먹다)

⑤ 동동 씨는 책을 [ ] . (읽다)

4 V + -겠-

① A : 무엇을 드시겠어요?
B : 불고기를 먹겠어요.

② A : 지금 집에 가겠어요?
B : 네, 지금 집에 가겠어요.

③ A : 언제 도서관에 가겠어요?
B : 세 시에 ______ . (가다)

④ A : 오늘 저녁 저하고 영화 보겠어요? (보다)
B : 네, 좋아요. ______ . (보다)

⑤ A : 이 커피 ______ ? (드시다)
B : 네, 주세요.

5 A/V + -지만

① 김치는 맵지만 맛있어요.

② 어제 잠을 안 ______ 피곤하지 않아요. (자다)

③ 동대문 시장 옷이 ______ 사지 않았어요. (싸다)

④ 어제 술을 많이 ______ 머리가 아프지 않아요. (마시다)

⑤ 서울에는 비가 ______ 아산에는 비가 오지 않아요. (오다)

도입

1. 무슨 사진이에요?
2. 가족이 모두 몇 명이에요? 누구누구예요?
3. 가족들의 모습이 어때요?

7과

가족

본문 1

정아 동동 씨 가족 사진이에요?

동동 네, 이 분이 아버지, 이 분이 어머니세요.

정아 부모님께서는 무슨 일을 하세요?

동동 아버지께서는 회사에 다니시고, 어머니께서는 은행에 다니세요.

정아 동동 씨가 아버지를 닮았네요.

동동 네, 외모와 성격이 모두 아버지를 닮았어요.

표현

- 이 분이 아버지, 이 분이 어머니세요.
- 부모님께서는 무슨 일을 하세요?
- 아버지께서는 회사에 다니시고, 어머니께서는 은행에 다니세요.
- 외모와 성격이 모두 아버지를 닮았어요.

본문 2

마이클 정아 씨 가족은 모두 몇 명이에요?

정아 우리 가족은 부모님과 오빠, 여동생,
그리고 저 모두 다섯 명이에요.

마이클 형제가 많네요. 이 분이 오빠예요?

정아 네, 오빠는 대학원에 다녀요.
오빠는 가족들 중에서 키가 제일 커요.

마이클 이 사람은 여동생이에요? 아주 예쁘네요.

정아 네, 여동생은 저보다 다섯 살이 적어요.

표현

- 정아 씨 가족은 모두 몇 명이에요?
- 우리 가족은 부모님과 오빠, 여동생, 그리고 저 모두 다섯 명이에요.
- 오빠는 가족들 중에서 키가 제일 커요.
- 여동생은 저보다 다섯 살이 적어요.

본문 3

우리 가족을 소개하겠습니다. 우리 가족은 할아버지, 할머니, 부모님, 누나, 남동생, 그리고 저 이렇게 일곱 명입니다. 할아버지께서는 공무원이셨습니다. 지금은 퇴직하시고 할머니와 집에 계십니다. 아버지께서는 의사시고, 어머니께서는 가정주부십니다. 누나는 대학원에 다니고, 남동생은 고등학교에 다닙니다. 누나는 저보다 피아노를 잘 치고, 남동생은 저보다 운동을 잘합니다. 우리 가족은 한 달에 한 번 같이 등산을 합니다. 그래서 우리 가족은 매우 건강합니다.

표현

- 우리 가족을 소개하겠습니다.
- 우리 가족은 한 달에 한 번 같이 등산을 합니다.
- 지금은 퇴직하시고 할머니와 집에 계십니다.

발음

- 닮았네요 [달만네요]
- 다섯 살 [다서쌀 / 다섣쌀]
- 퇴직하시고 [퇴지카시고 / 퉤지카시고]
- 다섯 명 [다섣명 -> 다선명]
- 공무원이셨습니다 [공무워니셛씀니다]

본문어휘

가정주부	가족	남동생	누나	여동생	오빠	형제
고등학교	대학원	등산	분	사진	성격	외모
매우	제일	건강하다	다니다	닮다	소개하다	적다
잘하다	키가 크다	퇴직하다	피아노를 치다			

어휘 +

고등학생	대학원생	건물	머리	바다	배우	시청
약사	여행	점원	힘	이렇게	고프다	기쁘다
길다	끄다	나쁘다	모으다	바쁘다	부럽다	산책하다
세다	슬프다	쓰다	작다	졸업하다	취직하다	

말하기 연습

1 다음 〈보기〉와 같이 이야기하십시오.

〈보기〉 A : 가족이 몇 명이에요?
B : 부모님과 동생, 저, 모두 네 명이에요.

❶ 부모님, 누나 ❷ 부모님, 형, 여동생 ❸ 할머니, 부모님, 언니

❹ 할아버지, 할머니, 부모님, 남동생  ______

누나 – 형 – 나(남자) – 여동생 – 남동생
언니 – 오빠 – 나(여자) – 여동생 – 남동생

2 다음 〈보기〉와 같이 이야기하십시오.

〈보기〉 회사, 은행원

상민 : 아버지께서는 무슨 일을 하세요?
마이클 : 아버지께서는 회사에 다니세요.
상민 : 어머니께서도 일을 하세요?
마이클 : 네, 어머니께서는 은행원이세요.

❶ 회사, 선생님 ❷ 회사, 약사 ❸ 은행, 간호사

❹ 시청, 회사원 ❺ ______

③ 다음 〈보기〉와 같이 이야기하십시오.

〈보기〉

의사, 가정주부

A : 부모님께서는 뭐 하세요?

B : 아버지께서는 의사시고, 어머니께서는 가정주부세요.

❶ 선생님, 요리사 ❷ 경찰, 은행원 ❸ 변호사, 가정주부

❹ 공무원, 가게 점원 ❺ 배우, 가수

④ 다음 〈보기〉와 같이 이야기하십시오.

〈보기〉

❶ 이 가방이 저 가방보다 무거워요.

❷ 저 가방이 이 가방보다 가벼워요.

① 영어 시험, 한국어 시험	② 오늘 날씨, 어제 날씨

어렵다, 쉽다	덥다, 춥다

③ 이 건물, 저 건물	④ 중국, 미국
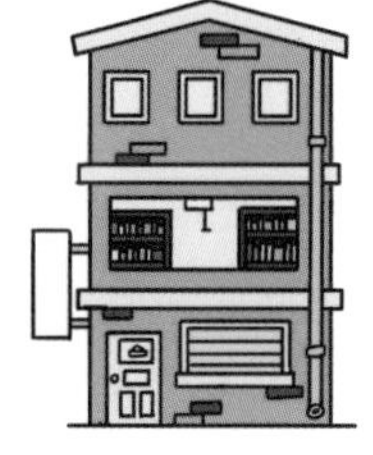 	 
높다, 낮다	가깝다, 멀다

⑤ 다음 〈보기〉와 같이 이야기하십시오.

〈보기〉 정아 씨는 저보다 운동을 더 잘해요.

⑥ 다음 〈보기〉와 같이 이야기하십시오.

〈보기〉 A : 누가 우리 반에서 키가 제일 커요?
B : 마이클 씨가 제일 커요.

❶ 운동, 잘하다 ❷ 노래, 잘하다 ❸ 피아노, 잘 치다
❹ 힘, 세다 ❺ 머리, 길다

듣기

① 다음을 듣고 물음에 답하십시오.

1) 마이클 씨와 상민 씨 아버지의 직업은 무엇입니까?

마이클 씨 아버지 →

상민 씨 아버지 →

2) 마이클 씨와 상민 씨 어머니의 직업은 무엇입니까?

	❶	❷	❸	❹
마이클 씨 어머니 :	회사원	선생님	선생님	가정주부
상민 씨 어머니 :	회사원	회사원	가정주부	선생님

② 다음을 듣고 물음에 답하십시오.

1) 가족이 모두 몇 명입니까?

❶ 네 명 ❷ 다섯 명 ❸ 여섯 명 ❹ 일곱 명

2) 가족의 직업을 연결하세요.

❶ 아버지 • • ㉠ 은행원

❷ 어머니 • • ㉡ 회사원

❸ 형 • • ㉢ 의사

❹ 여동생 • • ㉣ 고등학생

3) 이 사람은 형제가 몇 명 있습니까?

❶ 한 명 ❷ 두 명 ❸ 세 명 ❹ 없다

3 다음을 듣고 물음에 답하십시오.

1) 솔롱고 씨와 아사코 씨 가족은 모두 몇 명입니까?

솔롱고 씨 가족 → ______ 명

아사코 씨 가족 → ______ 명

2) 들은 내용과 같은 것은 무엇입니까?

❶ 솔롱고 씨 할머니는 집에 계십니다.
❷ 아사코 씨 어머니는 공무원이십니다.
❸ 아사코 씨 여동생과 남동생은 모두 학생입니다.
❹ 솔롱고 씨 어머니는 아버지와 같이 과일 가게를 하십니다.

3) 아사코 씨 가족과 솔롱고 씨 가족은 같이 무엇을 합니까?

	아사코 가족	솔롱고 가족
무엇을 ?		운동을 해요
몇 번 ?	한 달에 한번	

④ 다음을 듣고 물음에 답하십시오.

1) 아사코 씨 외할아버지와 외할머니의 국적을 쓰십시오.

❶ 외할아버지 : ________ ❷ 외할머니 : ________

2) 아사코 씨 외할아버지와 외할머니께서는 무엇을 파십니까?

____

3) 아사코 씨 가족은 부산에서 무엇을 합니까?

❶ 비행기를 탑니다.
❷ 과일가게를 합니다.
❸ 바다를 구경합니다.
❹ 과일주스를 마십니다.

4) 내용과 다른 것을 모두 고르십시오.

❶ 아사코 씨 외할아버지 댁은 부산입니다.
❷ 아사코 씨 가족은 비행기를 타고 옵니다.
❸ 한국이 일본보다 과일과 생선 값이 비쌉니다.
❹ 아사코 씨 가족은 1년에 한 번 외할아버지 댁에 갑니다.

1 다음을 읽고 물음에 답하십시오.

우리 가족을 소개하겠습니다. 우리 가족은 할아버지, 부모님, 형, 여동생, 그리고 저, 이렇게 여섯 명입니다. 할아버지께서는 공무원이셨습니다. 시청에서 일하셨습니다. 지금은 퇴직하셨습니다. 할머니는 안 계십니다. 아버지께서는 변호사시고, 어머니께서는 학교에서 학생을 가르치십니다. 형은 대학생이고, 여동생은 고등학생입니다. 우리 가족은 저녁에 이야기를 많이 합니다. 그래서 우리 가족은 매우 행복합니다.

1) 위 글은 무엇입니까?

❶ 일기 ❷ 가족소개 ❸ 초대장 ❹ 편지

2) 형과 동생은 어디에 다닙니까?

❶ 고등학교, 중학교 ❷ 회사, 시청

❸ 대학교, 고등학교 ❹ 고등학교, 초등학교

3) 부모님 직업은 무엇입니까?

❶ 변호사, 의사 ❷ 의사, 선생님

❸ 변호사, 선생님 ❹ 선생님, 간호사

4) 할아버지께서는 어디에서 일하셨습니까?

5) 가족은 언제, 무엇을 같이 합니까?

② 다음을 읽고 물음에 답하십시오.

상민 씨는 이모가 한 분 계십니다. 상민 씨 어머니보다 두 살 많으십니다. 상민 씨 이모 댁은 제주도입니다. 상민 씨는 지난 토요일에 마이클 씨, 동동 씨, 아사코 씨와 함께 이모 댁에 갔습니다. 솔롱고 씨는 다음 주에 시험이 있습니다. 그래서 집에서 공부했습니다. 이모께서는 제주도에서 음식점을 하십니다. 토요일에는 음식점에 손님이 정말 많습니다. 그래서 많이 바쁩니다. 상민 씨와 친구들은 이모를 도왔습니다. 점심시간이 지나고 이모께서는 상민 씨 친구들에게 생선회와 탕수육을 주셨습니다. 정말 맛있었습니다. 일요일 오후에 상민 씨는 친구들과 함께 제주도 바다를 구경했습니다. 풍경이 무척 아름다웠습니다. 그리고 자전거도 탔습니다. 상민 씨와 친구들은 다음에 다시 오고 싶어 합니다.

1) 누가 제주도에 안 갔습니까?

❶ 동동 ❷ 아사코 ❸ 마이클 ❹ 솔롱고

2) 상민 씨와 친구들은 무슨 음식을 먹었습니까?

3) 상민 씨와 상민 씨 친구들은 제주도에서 무엇을 했습니까?

	토요일	일요일
1		
2		

4) 내용과 같은 것을 고르십시오.

❶ 일요일에 생선회를 먹었습니다.

❷ 일요일에도 식당 일을 도왔습니다.

❸ 상민 씨 이모는 여동생이 있습니다.

❹ 솔롱고 씨는 학교에서 공부를 했습니다.

1 다음을 읽고 쓰십시오.

우리 가족을 소개하겠습니다. 우리 가족은 할아버지, 부모님, 형, 남동생, 그리고 저, 이렇게 여섯 명입니다. 할아버지께서는 시청 공무원이셨습니다. 지금은 퇴직하셨습니다. 할아버지께서는 집에 계십니다. 아버지께서는 대학 교수시고, 어머니께서는 고등학교 선생님이십니다. 형은 대학원생, 저는 대학생, 남동생은 고등학생입니다. 우리 가족은 한 달에 한 번 같이 여행을 합니다. 우리 가족은 매우 행복합니다.

1) 가족의 직업이 무엇입니까?

관계	직업	관계	직업
할아버지	(이전) 공무원	형	
할머니	없음	저	
아버지		남동생	
어머니			

2) '우리' 가족은 언제, 같이 무엇을 합니까?

3) 여러분 가족의 직업은 무엇입니까?

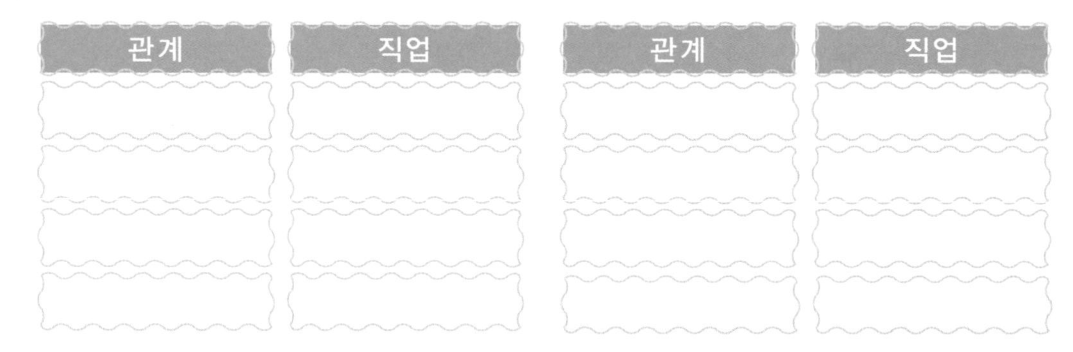

관계	직업	관계	직업

4) 여러분 가족은 무엇을 같이 합니까?

② 여러분의 가족을 소개하십시오.

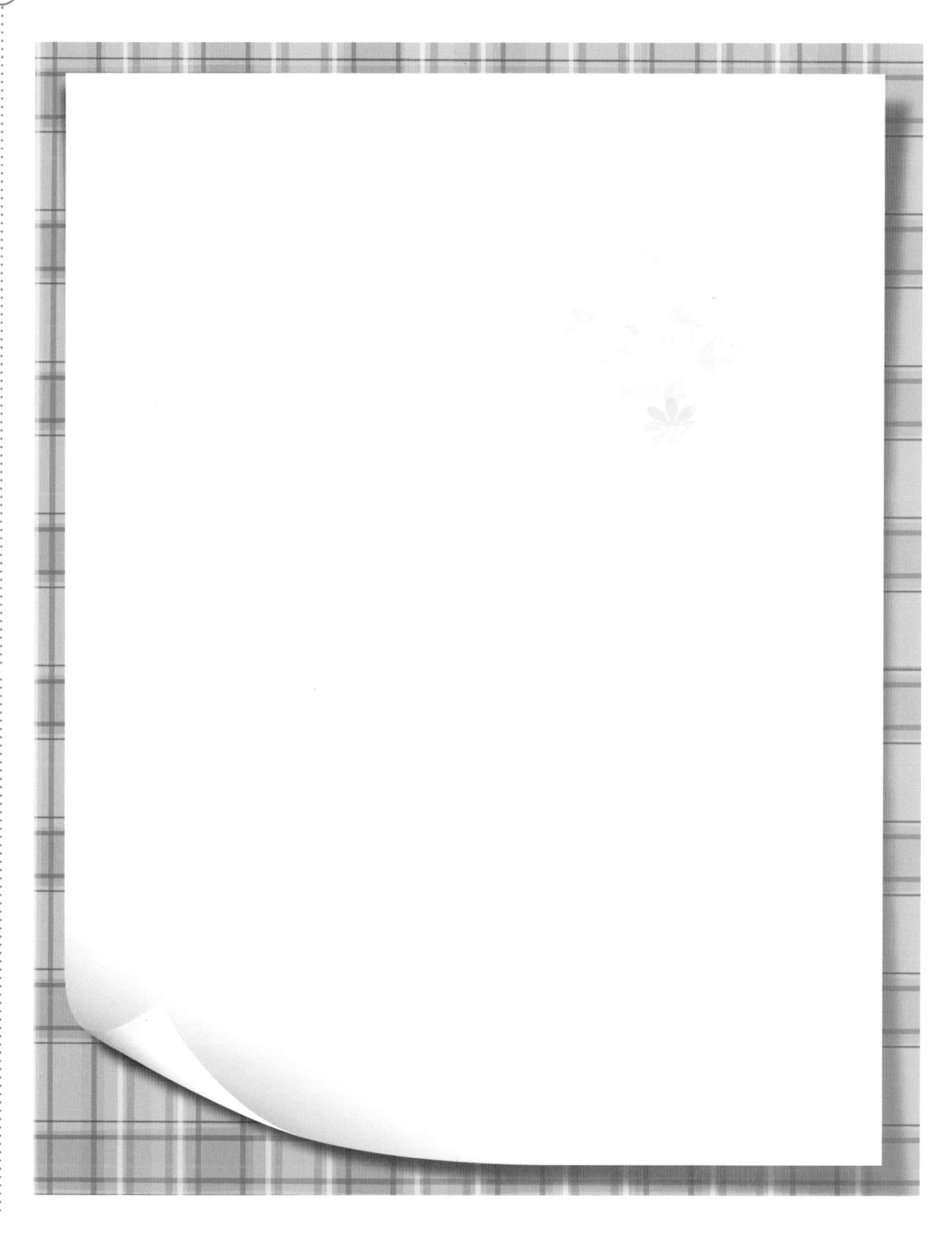

① A팀이 문장 카드 두 개를 들면 B팀은 〈보기〉와 같이 하나의 문장으로 만드십시오.

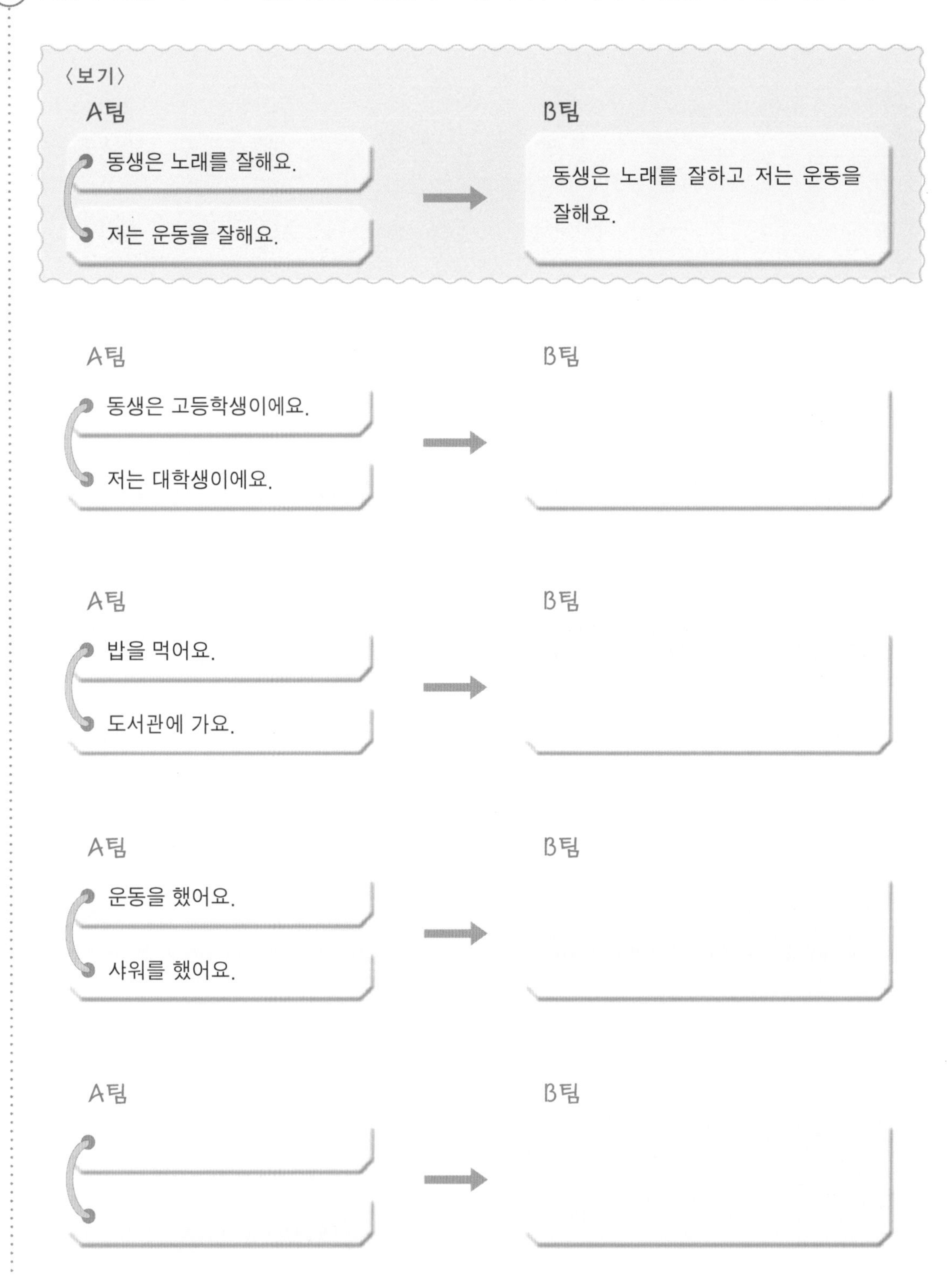

1 A/V + -(으)시- / N + -(이)시-

기본형	-(으)세요	-(으)십니다	기본형	-(으)세요	-(으)십니다
가다	가세요	가십니다	씻다	씻으세요	씻으십니다
오다			웃다		
보다			입다		
만나다			읽다		
주다			앉다		
기다리다			받다		
사다			지우다		
공부하다			돕다	도우세요	도우십니다
청소하다			*있다	*계세요	계십니다
				*있으세요	있으십니다
좋아하다			*자다	*주무세요	주무십니다
*이다	(이)세요	(이)십니다	*먹다	*드세요	드십니다

① 할아버지께서 집에 오십니다.

② 어머니께서는 책을 [ ].

③ 기다리다 : 선생님께서 교실에서 [ ].

④ 있다 : 할아버지께서는 방에 [ ].

⑤ 먹다 : 아버지께서는 아침에 빵을 [ ].

⑥ 사다 : 할머니께서 어제 과일을 [ ].

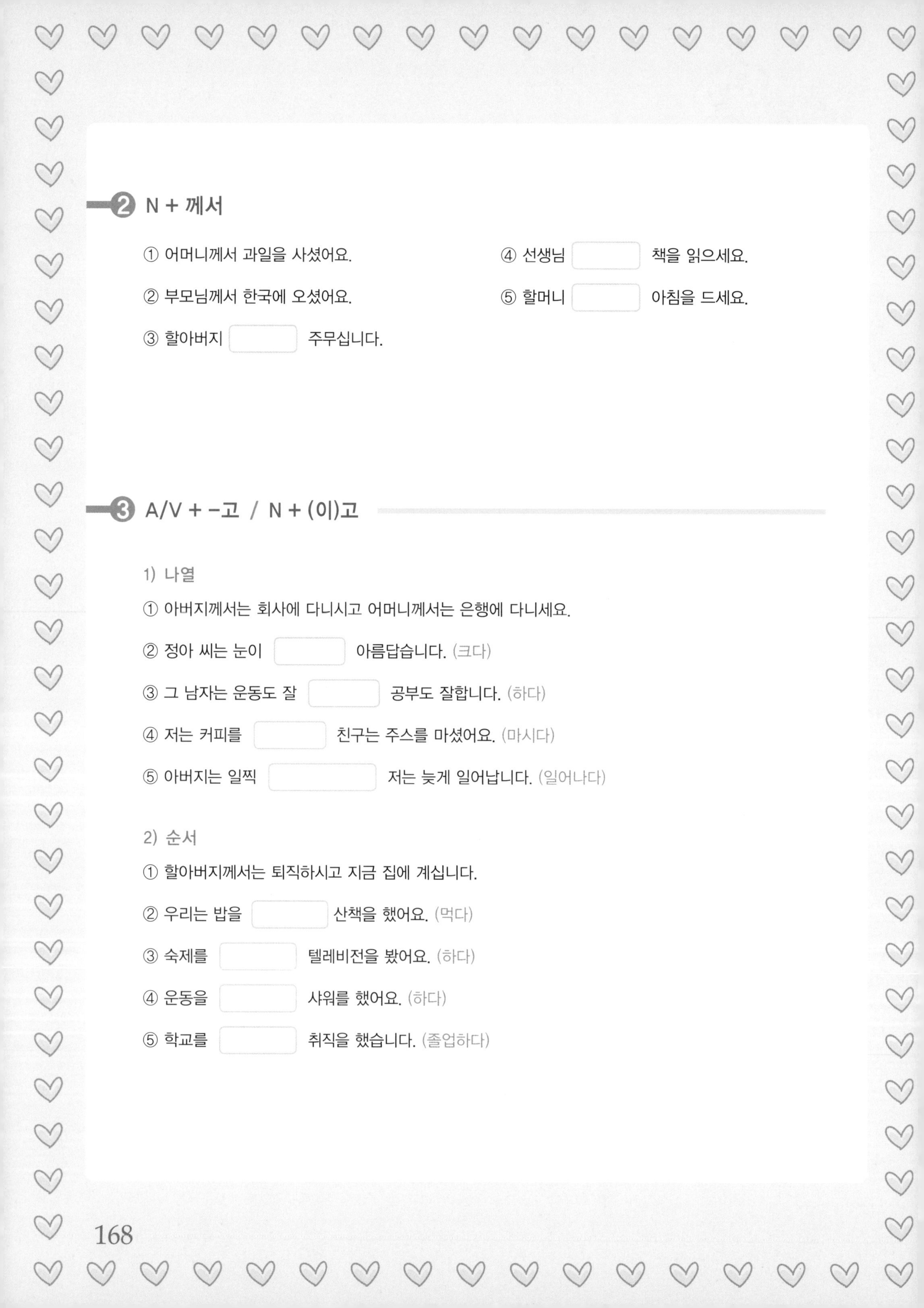

❷ N + 께서

① 어머니께서 과일을 사셨어요.

② 부모님께서 한국에 오셨어요.

③ 할아버지 [ ] 주무십니다.

④ 선생님 [ ] 책을 읽으세요.

⑤ 할머니 [ ] 아침을 드세요.

❸ A/V + -고 / N + (이)고

1) 나열

① 아버지께서는 회사에 다니시고 어머니께서는 은행에 다니세요.

② 정아 씨는 눈이 [ ] 아름답습니다. (크다)

③ 그 남자는 운동도 잘 [ ] 공부도 잘합니다. (하다)

④ 저는 커피를 [ ] 친구는 주스를 마셨어요. (마시다)

⑤ 아버지는 일찍 [ ] 저는 늦게 일어납니다. (일어나다)

2) 순서

① 할아버지께서는 퇴직하시고 지금 집에 계십니다.

② 우리는 밥을 [ ] 산책을 했어요. (먹다)

③ 숙제를 [ ] 텔레비전을 봤어요. (하다)

④ 운동을 [ ] 샤워를 했어요. (하다)

⑤ 학교를 [ ] 취직을 했습니다. (졸업하다)

④ N + 보다

① 작년보다 올해가 더 추워요.

② 누나는 저 [ ] 피아노를 잘 쳐요.

③ 서울이 천안 [ ] 멀어요.

④ 지하철이 버스 [ ] 더 빠릅니다.

⑤ 영미는 정아 [ ] 수영을 더 잘해요.

⑤ 'ㅡ' 탈락

기본형	-아/어요	-습니다	기본형	-아/어요	-습니다
크다	커요	큽니다	아프다		
끄다			나쁘다		
쓰다			고프다		
예쁘다			바쁘다		
기쁘다			모으다		
슬프다					

① 키가 커요.

② 머리가 [ ] .

③ 아이가 [ ] .

④ 오늘은 날씨가 [ ] .

⑤ 오늘은 [ ] . 내일 오세요.

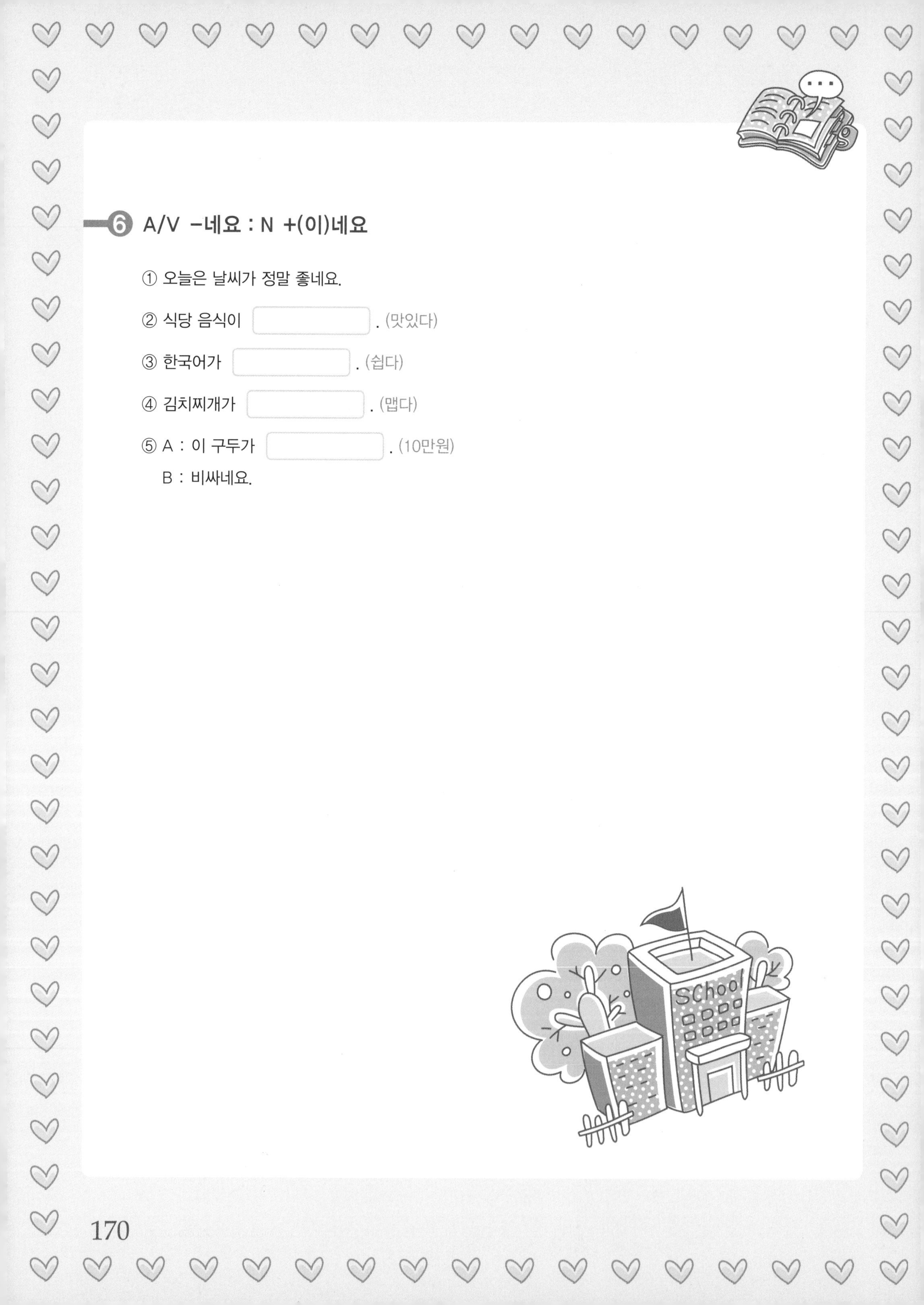

⑥ A/V -네요 : N +(이)네요

① 오늘은 날씨가 정말 좋네요.

② 식당 음식이 [ ] . (맛있다)

③ 한국어가 [ ] . (쉽다)

④ 김치찌개가 [ ] . (맵다)

⑤ A : 이 구두가 [ ] . (10만원)
B : 비싸네요.

8과

약속

도입

1. 두 사람은 무엇을 해요?
2. 누구에게 자주 전화해요? 왜 전화해요?

본문 1

상민 여보세요? 거기 나나 씨 집이지요?

나나 동생 네, 그런데요. 누구세요?

상민 안녕하세요? 저, 나나 씨 친구 이상민이에요.
나나 씨 좀 바꿔 주세요.

나나 동생 네, 잠깐만 기다리세요. 언니, 전화 왔어요.

나나 여보세요?

상민 나나 씨, 저 이상민이에요.

표현

- 여보세요!
- 거기 나나 씨 집이지요?
- 나나 씨 좀 바꿔 주세요.
- 잠깐만 기다리세요.

본문 2

나나 아, 상민 씨, 안녕하세요.

상민 이번 주말에 뭐 할 거예요?

나나 집에 있을 거예요.

상민 그럼 저랑 같이 영화 봐요.

나나 무슨 영화요?

상민 〈해운대〉 어때요?

나나 좋아요. 저도 그 영화를 보고 싶었어요.

표현

- 이번 주말에 뭐 할 거예요?
- 그럼 저랑 같이 영화 봐요.

본문 3

상민　여보세요? 거기 영화관이지요?

여자　아닙니다. 전화 잘못 거셨습니다.

상민　죄송합니다.

상민　여보세요? 거기 영화관이지요?

직원　네, 그렇습니다.

상민　오늘 오후 〈해운대〉 영화 시간을 알고 싶습니다.

직원　3시, 5시 반, 8시입니다.

상민　고맙습니다.

표현

- 전화 잘못 거셨습니다.
- 오늘 오후 〈해운대〉 영화 시간을 알고 싶습니다.

본문 4

상민	여보세요! 나나 씨지요? 저 상민이에요.
나나	네, 상민 씨, 우리 토요일 몇 시에 만날까요?
상민	다섯 시에 만나요.
나나	어디에서 만날까요?
상민	영화관 앞에서 만나요.
나나	그래요. 영화를 보고 저녁도 같이 먹어요.
상민	네, 좋아요. 그럼 토요일에 만나요.

표현

- 우리 토요일 몇 시에 만날까요?
- 다섯 시에 만나요.

발음

- 거셨습니다 [거셛씀니다]
- 할 거예요 [할꺼예요]

본문어휘

휴대폰, 쯤, (전화를) 걸다, (전화를) 바꾸다, (전화를) 받다, 그렇다, 잘못, 잠깐만, 그런데

어휘 +

공연, 노래방, 놀이공원, 안내, 약속, 연주회, 음악회, 통화, 중, 먼저, (전화를) 끊다, 날다, 넣다, 돌아오다, 불다, 생각하다, (사진을) 찍다, 친절하다

말하기 연습

① 다음 〈보기〉와 같이 이야기하십시오.

〈보기〉 A : 여보세요! 거기 나나 씨 집이지요?
B : 네, 그런데 누구세요?
A : 안녕하세요? 저, 나나 씨 친구 이상민이에요. 나나 씨 있어요?
B : 네, 잠깐만 기다리세요.

❶ 서현, 민정
❷ 장웨이, 나나
❸ 마이클, 정아
❹ 사지타, 솔롱고

② 다음 〈보기〉와 같이 이야기하십시오.

〈보기〉 A : 여보세요? 거기 한국어교육원이지요?
B : 아닙니다. 전화 잘못 거셨습니다.
A : 어, 거기 한국어교육원 아니에요?
B : 아닙니다. 여기는 은행입니다.
A : 죄송합니다.

❶ 영화관, 우체국
❷ 도서관, 경찰서
❸ 박물관, 미용실
❹ 여행사, 서점

③ 다음 〈보기〉와 같이 이야기하십시오.

〈보기〉 A : 거기 530-3050이지요?
B : 네, 맞아요.
A : 동동 씨 있어요?
B : 제가 동동이에요. 누구세요?
A : 저 정미예요.

❶ 민준, 윤서
❷ 솔롱고, 흐엉
❸ 니콜라이, 에밀리
❹ 나오미, 마이클

4 다음 <보기>와 같이 이야기하십시오.

〈보기〉 A : 전화를 걸어 주세요.
B : 네, 알겠어요.

❶ 책, 읽다
❷ 선물, 사다
❸ 불, 끄다
❹ 사진, 찍다

5 다음 <보기>와 같이 이야기하십시오.

〈보기〉 A : 토요일 몇 시에 만날까요?
B : 다섯 시에 만나요.
A : 어디에서 만날까요?
B : 영화관 앞에서 만나요.
A : 좋아요. 우리 영화를 보고 밥도 같이 먹어요.

❶ 6시, 백화점, 쇼핑하다
❷ 8시, 도서관, 책을 읽다
❸ 4시, 체육관, 운동하다
❹ 3시, 공원, 산책하다

6 다음 <보기>와 같이 이야기하십시오.

〈보기〉 A : 내일 시간 있어요?
B : 왜요?
A : 내일 우리 같이 쇼핑해요.
B : 미안해요. 내일은 약속이 있어요.

❶ 운동하다, 숙제가 많다
❷ 공부하다, 고향에 가다
❸ 노래방에 가다, 시간이 없다
❹ 영화를 보다, 집에서 청소하다

듣기

① 다음을 듣고 물음에 답하십시오.

1) 누가 전화를 했습니까?

❶ 카잉　　❷ 아사코　　❸ 선생님　　❹ 나나

2) 아사코 씨는 오늘 왜 학교에 안 왔습니까?

3) 왜 전화를 했습니까?

❶ 아팠습니다　　❷ 숙제를 알고 싶었습니다

❸ 학교에 안 갔습니다　　❹ 지금은 괜찮습니다

② 다음을 듣고 물음에 답하십시오.

1) 이번 주 토요일에 무엇을 합니까?

❶ 

❷ 

❸ 

❹ 

(　　) → (　　) → (　　) → (　　)

2) 들은 내용과 같은 것은 무엇입니까?

❶ 솔롱고 씨는 혼자 놀이공원에 갈 겁니다.

❷ 나는 솔롱고 씨 친구들과 놀이공원에 갈 겁니다.

❸ 솔롱고 씨와 나는 이번 주 토요일에 만날 겁니다.

❹ 솔롱고 씨와 나는 놀이공원에서 노래를 할 겁니다.

3 다음을 듣고 물음에 답하십시오.

1) 순천향대학교 ______ - ______

2) 한국어교육원 530 - ______

3) 순천향병원 709 - ______

4 다음을 듣고 물음에 답하십시오.

1) 들은 내용과 다른 것은 무엇입니까? (　　　　)

❶ 흐엉 씨는 주말에 시간이 있습니다.
❷ 흐엉 씨가 처음에 전화를 받았습니다.
❸ 두 사람은 지하철역 앞에서 만날 것입니다.
❹ 흐엉 씨는 해리포터를 보고 싶어 했습니다.

2) 나나 씨는 어디에 전화했습니까? (　　　　)

❶ 영화관　　❷ 지하철역
❸ 흐엉 씨 집　　❹ 흐엉 씨 휴대폰

3) 두 사람은 토요일에 무엇을 합니까?

4) 두 사람은 몇 시에 만납니까?

읽기

① 다음을 읽고 물음에 답하십시오.

저는 이번 주말에 나나 씨하고 영화를 보고 싶었습니다. 그래서 나나 씨에게 전화를 걸었습니다. 그러나 통화 중이었습니다. 10분 후에 다시 전화를 걸었습니다. 나나 씨 동생이 전화를 받았습니다. 나나 씨 동생은 나나 씨를 바꿔 주었습니다. 저는 나나 씨하고 통화를 했습니다. 우리는 주말 약속을 했습니다. 그리고 전화를 끊었습니다.

1) 누가 누구에게 전화를 했습니까?

2) 처음에 누가 전화를 받았습니까?

3) 두 사람은 주말에 무엇을 합니까?

② 다음을 읽고 물음에 답하십시오.

상민 씨는 영화를 좋아합니다. 나나 씨도 영화를 좋아합니다. 그래서 두 사람은 자주 함께 영화를 봅니다. 두 사람은 한국 영화와 중국 영화를 모두 좋아합니다. 지난 주말에 두 사람은 중국 영화 〈영웅〉을 봤습니다. 두 사람은 이번 주말에는 한국 영화 〈해운대〉를 볼 겁니다. 지난 주말에는 나나 씨가 영화표를 샀지만 이번에는 상민 씨가 영화표를 샀습니다.

1) 두 사람은 무엇을 같이 합니까?

2) 두 사람은 무슨 영화를 좋아합니까?

3) 지난 주말에는 누가 영화표를 샀습니까?

③ 다음을 읽고 물음에 답하십시오.

상민 씨는 영화관에 전화를 했습니다. 그러나 전화를 잘못 걸었습니다. 상민 씨는 다시 전화를 했습니다. 영화관 직원이 전화를 받았습니다. 상민 씨가 말했습니다.
"영화 시간이 몇 시예요?"
직원이 대답해 주었습니다. 친절했습니다. 상민 씨는 기분이 좋았습니다.

1) 상민 씨는 몇 번 전화를 했습니까?

❶ 한 번 ❷ 두 번 ❸ 세 번 ❹ 네 번

2) 상민 씨는 전화를 왜 다시 했습니까?

3) 상민 씨는 전화를 왜 했습니까?

❶ 영화 시간을 알고 싶어 했습니다
❷ 직원에게 안내를 하고 싶어 했습니다.
❸ 직원에게 전화를 걸고 싶어 했습니다.
❹ 영화관 직원을 만나고 싶어 했습니다.

쓰기

1 다음 〈보기〉와 같이 대화문을 쓰십시오.

〈보기〉

동동 씨는 나나 씨와 음악회에 가고 싶어 합니다. 이번 주 토요일 저녁에 피아노 연주회가 있습니다. 그래서 동동 씨는 나나 씨에게 전화를 했습니다. 나나 씨는 토요일에 약속이 없습니다. 그래서 집에 있을 겁니다. 나나 씨도 피아노 연주회에 가고 싶어 합니다. 그래서 두 사람은 토요일에 음악회에 갈 겁니다. 두 사람은 6시에 만날 겁니다.

→

동동 : 여보세요? 나나 씨, 저 동동이에요.
나나 : 아 동동 씨, 안녕하세요?
동동 : 나나 씨, 주말에 뭐 할 거예요?
나나 : 집에 있을 거예요.
동동 : 그럼 저하고 같이 음악회에 가요.
나나 : 무슨 음악회요?
동동 : 토요일 저녁에 피아노 연주회가 있어요.
나나 : 좋아요. 저도 가고 싶어요.
동동 : 그럼 토요일 6시에 만나요.

상민 씨는 나나 씨와 영화를 보고 싶어 합니다. 그래서 나나 씨 집에 전화를 걸었습니다. 그런데 나나 씨가 전화를 받지 않고 동생이 전화를 받았습니다. 동생은 언니에게 전화를 바꿔 주었습니다. 상민 씨는 나나 씨와 통화를 했습니다. 그리고 약속을 했습니다. 상민 씨와 나나 씨는 토요일 오후 4시에 극장 앞에서 만날 겁니다. 그리고 네 시 반에 영화를 볼 겁니다. 영화를 보고 저녁도 같이 먹을 겁니다.

→

① 친구에게 직접 전화를 걸어 주말 약속을 하세요.

② 다음 〈보기〉와 같이 이야기하세요.

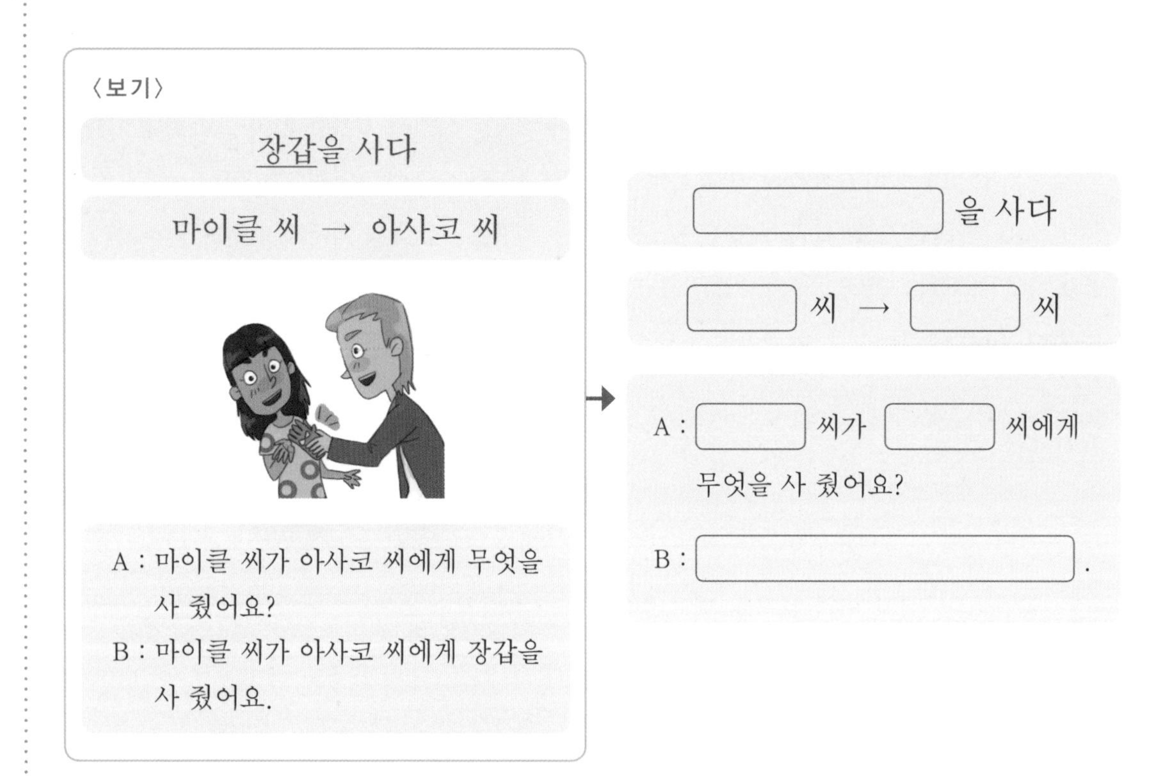

③ 다음 〈보기〉와 같이 이야기하세요.

〈보기〉

돕다　요리하다
청소하다
사진을 찍다　만들다

숙제를 돕다

나 → 아사코

A : 어제 뭐 했어요?
B : 아사코 씨 숙제를 도와줬어요.

→

[　　　　　　]

[　　　] → [　　　]

A : 어제 뭐 했어요?
B : [　　　　　　].

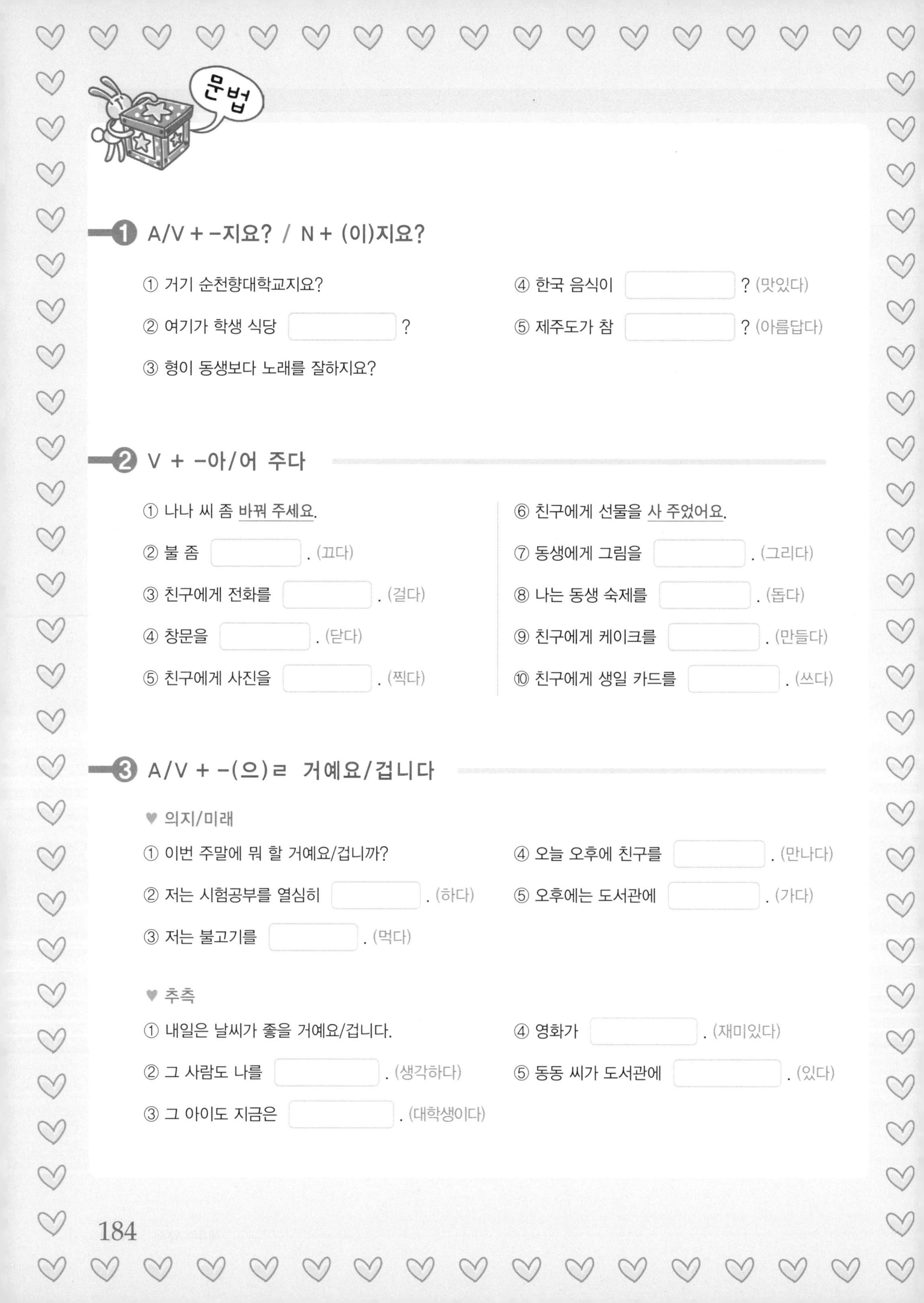

❶ A/V + -지요? / N + (이)지요?

① 거기 순천향대학교지요?

② 여기가 학생 식당 [ ]?

③ 형이 동생보다 노래를 잘하지요?

④ 한국 음식이 [ ]? (맛있다)

⑤ 제주도가 참 [ ]? (아름답다)

❷ V + -아/어 주다

① 나나 씨 좀 바꿔 주세요.

② 불 좀 [ ]. (끄다)

③ 친구에게 전화를 [ ]. (걸다)

④ 창문을 [ ]. (닫다)

⑤ 친구에게 사진을 [ ]. (찍다)

⑥ 친구에게 선물을 사 주었어요.

⑦ 동생에게 그림을 [ ]. (그리다)

⑧ 나는 동생 숙제를 [ ]. (돕다)

⑨ 친구에게 케이크를 [ ]. (만들다)

⑩ 친구에게 생일 카드를 [ ]. (쓰다)

❸ A/V + -(으)ㄹ 거예요/겁니다

♥ 의지/미래

① 이번 주말에 뭐 할 거예요/겁니까?

② 저는 시험공부를 열심히 [ ]. (하다)

③ 저는 불고기를 [ ]. (먹다)

④ 오늘 오후에 친구를 [ ]. (만나다)

⑤ 오후에는 도서관에 [ ]. (가다)

♥ 추측

① 내일은 날씨가 좋을 거예요/겁니다.

② 그 사람도 나를 [ ]. (생각하다)

③ 그 아이도 지금은 [ ]. (대학생이다)

④ 영화가 [ ]. (재미있다)

⑤ 동동 씨가 도서관에 [ ]. (있다)

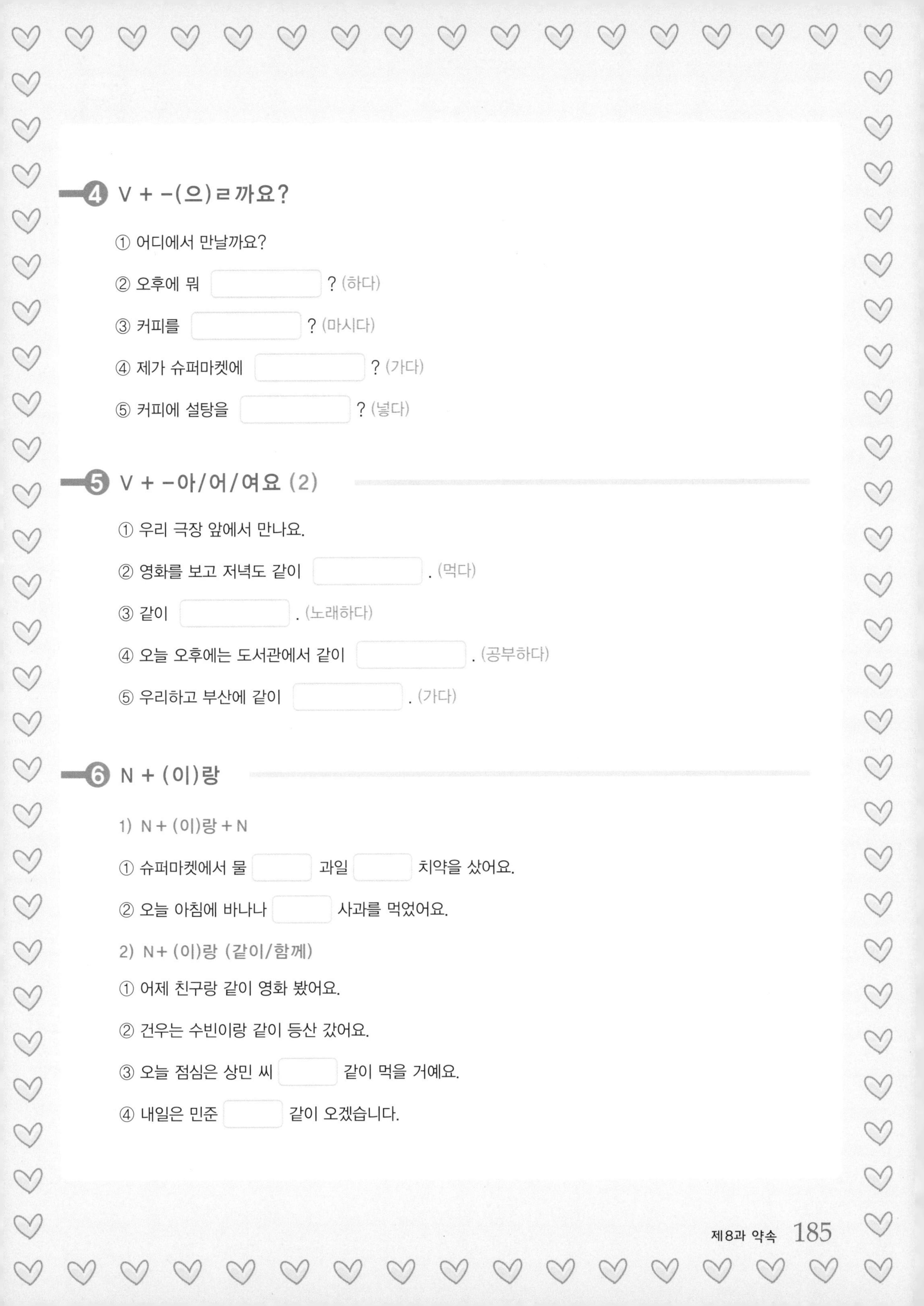

④ V + -(으)ㄹ까요?

① 어디에서 만날까요?

② 오후에 뭐 [   ]? (하다)

③ 커피를 [   ]? (마시다)

④ 제가 슈퍼마켓에 [   ]? (가다)

⑤ 커피에 설탕을 [   ]? (넣다)

⑤ V + -아/어/여요 (2)

① 우리 극장 앞에서 만나요.

② 영화를 보고 저녁도 같이 [   ]. (먹다)

③ 같이 [   ]. (노래하다)

④ 오늘 오후에는 도서관에서 같이 [   ]. (공부하다)

⑤ 우리하고 부산에 같이 [   ]. (가다)

⑥ N + (이)랑

1) N + (이)랑 + N

① 슈퍼마켓에서 물 [   ] 과일 [   ] 치약을 샀어요.

② 오늘 아침에 바나나 [   ] 사과를 먹었어요.

2) N + (이)랑 (같이/함께)

① 어제 친구랑 같이 영화 봤어요.

② 건우는 수빈이랑 같이 등산 갔어요.

③ 오늘 점심은 상민 씨 [   ] 같이 먹을 거예요.

④ 내일은 민준 [   ] 같이 오겠습니다.

7 'ㄹ' 탈락

기본형	-아/어요	-(으)세요	-ㅂ니다 -습니다	기본형	-아/어요	-(으)세요	-ㅂ니다 -습니다
살다	살아요	사세요	삽니다	알다			
울다				팔다			
불다				열다			
날다				놀다			
걸다				만들다			

① 우리는 서울에 삽니다.

② 전화를 잘못 거셨습니다.

③ 지금 선생님께서 우십니다.

④ 저는 저 사람을 압니다.

⑤ 새가 하늘을 ______. (날다)

⑥ 설탕은 정말 ______. (달다)

⑦ 백화점에서 우산을 ______. (팔다)

⑧ 할아버지께서는 어디에 ______? (살다)

⑨ 어머니, 무엇을 ______? (만들다)

⑩ 여러분! 이거 다 ______? (알다)

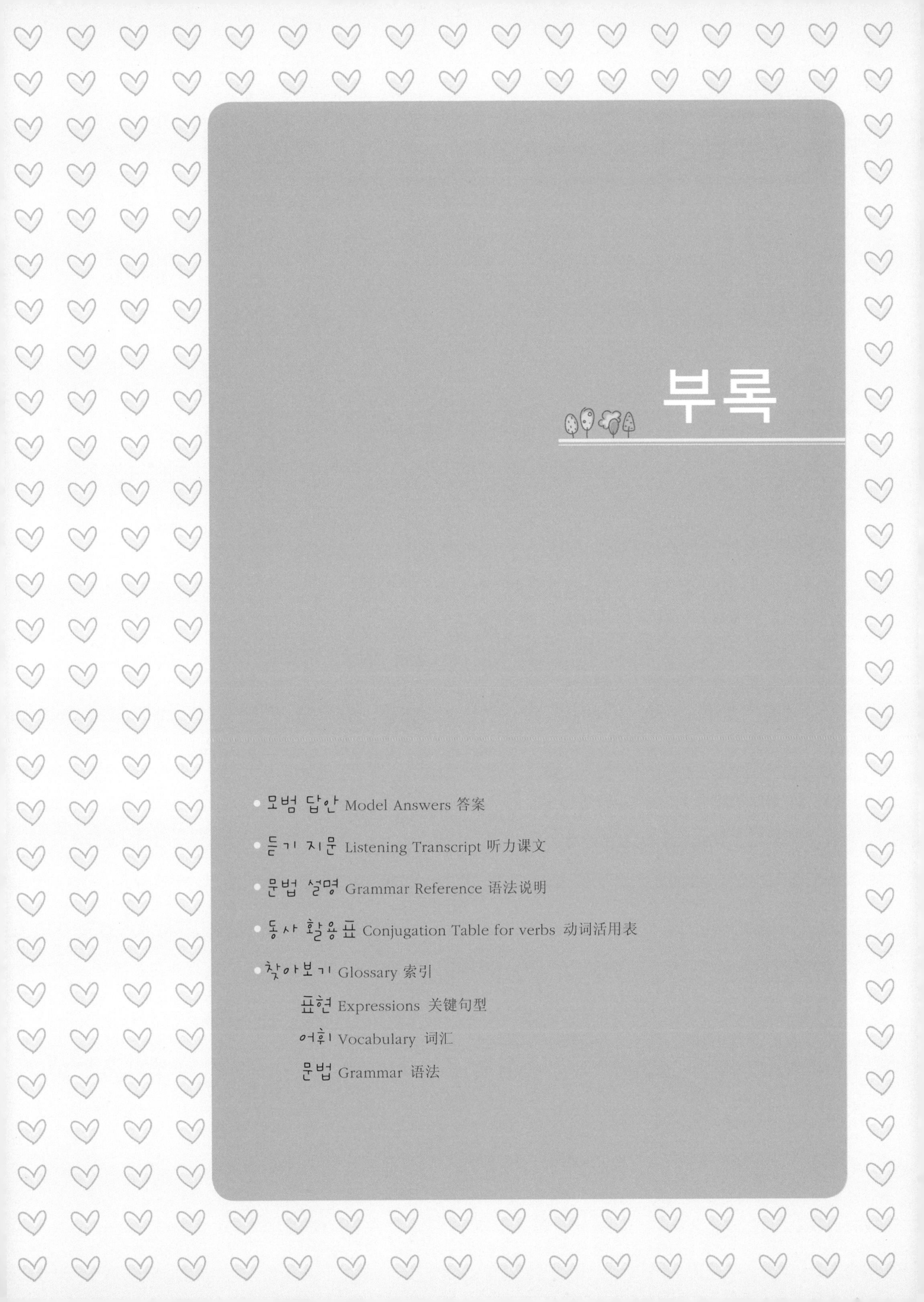

부록

- 모범 답안 Model Answers 答案
- 듣기 지문 Listening Transcript 听力课文
- 문법 설명 Grammar Reference 语法说明
- 동사 활용표 Conjugation Table for verbs 动词活用表
- 찾아보기 Glossary 索引
  - 표현 Expressions 关键句型
  - 어휘 Vocabulary 词汇
  - 문법 Grammar 语法

모범 답안 Model Answers 答案

1과 인사

듣기 p.55

1. ③
2. 아사코 –①, 왕동동 –②
3. 이름 –①, ③
   나라 –③, ②
   직업 –②, ③
4.

	1)	2)	3)	4)
이름	김정아	솔롱고	장나나	카잉
나라	한국	몽골	중국	베트남
직업	(대)학생	대학생	(대)학생	회사원
성별	여자	여자	여자	남자

5. ①
6. 1) ○
   2) ○
   3) ×
   4) ×

읽기 p.57

1.

	1)	2)	3)	4)
이름	전경민	김민수	최성우	최은영
직업	교수	경찰	의사	은행원

2. 1) ①
   2) ①
   3) ①
   4) ②
   5)

	나	친구
이름	왕동동	장나나
나라	중국	중국
직업	학생	학생

2과 위치

듣기 p.71

1. 1) 교실
   2) ④
   3) ③
2. 1) ②
   2) 연필, 지우개
3. 1) ① (○) ② (○) ③ (×) ④ (○)
   2) ③
4. 1) ④
   2) ① × ② ○ ③ ○ ④ ○ ⑤ ○ ⑥ ×

읽기 p.74

1. 1) 책상 앞에 있습니다.
   2) 책하고 필통이 있습니다.
   3) 사전하고 수첩이 있습니다.
   4) 없습니다.
   5) 필통 안에 있습니다.

2. 1) 편의점 약국 미용실
   우리집 세탁소 주차장
   2) 미용실이 있습니다.
   3) 약국하고 미용실이 있습니다.
   4) 아니요. 없습니다.
   5) ④

쓰기 p.75

1. 책상, 의자, 책, 연필, 꽃병, 침대, 시계, 창문

3과 물건 사기

듣기 p.89

1. 1)
   2) ③

2. 1) ④
   2)

물건	값	물건	값
우유	800	초콜릿	1,200
콜라	700	라면	750

   3) ①
   4) ③

3. 1) ④
   2) ②
   3) 20,000원

4. 1) 과일가게
   2) ②
   3) ③
   4) ④

읽기 p.91

1. 1) 빵, 물, 칫솔, 비누
   2) 5개 3) 1,500원 4) 빵 5) 14,400원

2. 1) 바지, 운동화
   2)

	아사코		동동
운동화	28,000원	운동화	99,000원
치마	25,000원	바지	45,000원
합계	53,000원	합계	144,000원

   3) 백화점

4과 하루 일과

듣기 p.107

1. ① (밤) 10시(열 시)
   ② (아침 또는 오전) 8시(여덟 시)
   ③ 오후 5시(다섯 시)
   ④ 저녁 7시(일곱 시)
   ⑤ (오후) 1시(한 시)

2. 1) ④
   2) 학생 식당
   3) 12시(열두 시)

3. 1) ④ 2) ③ 3) ③

4. 1) 아침- ① 일찍 일어나요.
   ② 빵을 먹어요.
   오전- ① (교실에서) 한국어 공부를 해요.
   ② 친구와 같이 이야기를 해요.
   2) 점심- ① (학생 식당에서) 한국 친구와 같이 한국 음식을 먹어요.
   ② 도서관에 가요.
   저녁- ① (집에서) 베트남 음식을 먹어요.
   ② 숙제를 해요.

읽기 p.109

1. 1) 일어나요. / 세수해요. / 아침(밥)을 먹어요. 학교에 가요.
   2) 수업해요.
   3) 도서관에서 공부해요. / 운동해요. / 샤워해요.
   4) 저녁(밥)을 먹어요. / 텔레비전을 봐요. 숙제해요.
   5) 친구와 채팅해요. / 잠을 자요.

2.

시간	일정
7시	일어나요.
7시 반	빵과 과일을 먹어요. 우유를 마셔요.
9시	한국어 수업을 들어요.
12시	한국 식당에서 한국 친구와 같이 한국 음식을 먹어요.

시간	일정
2시	도서관에서 공부해요.
4시	운동을 해요.
7시	집에서 베트남 음식을 먹어요.
8시	숙제를 해요.

3.

	대답
1	오전에 공부해요.
2	중국 친구하고 같이 공부해요.
3	한국 친구하고 같이 먹어요.
4	라면과 콜라와 과자를 사요.
5	고향 친구와 채팅을 해요.
6	밤 12시에 잠을 자요.

5과 생일

듣기 p.124

1. 1) 상민 –③, 아사코 –④
   2) ①

2. 1) ②
   2) ③
   3) ①

3. 1) ③
   2) 5월 16일 (오월 십육일)
   3) ②

4. 1) ①
   2) (동동 씨 집)
   3) ③
   4) ②
   5) ①

읽기 p.127

1. 1) 5월 19일입니다.
   2) ③
   3) 가방하고 책입니다.
   4) 어디 : 서점, 선물 : 책
   5) 우리 반 친구들이 갑니다.

2. 1)

	언제	무엇
정아 일기	지난주 목요일	준서 씨와 극장에서 영화를 봤어요.
	오늘	커피숍에서 커피를 마시고 이야기를 했어요.
서영 일기	지난주 금요일	상민 씨와 서점에서 책을 샀어요.
	오늘	집에서 책을 읽었어요.

2) ① ○ ② × ③ × ④ ×

6과 음식

듣기 *p.142*

1. 1)

된장찌개	✓	스테이크	
자장면		쌀국수	
초밥		김밥	✓

2) ①

2. 1) ④
2) ①
3) ④

3. 1) ④
2) 다나카
3) ③

4. 1) ③
2) ①

읽기 *p.144*

1. 1) 학교 앞 식당에서
2) 나 : 나는 김치찌개를 먹었어요.
친구 : 친구는 갈비탕을 먹었어요.
3) 갈비탕은 맵지 않아요.
4) 불고기를 좋아해요.

2. 1) ③
2) ①
3) ③
4) ②

3. 1) ①, ②, ③
2) ① 잡채 ② 불고기
3) 내일 저녁

7과 가족

듣기 p.159

1. 1) 마이클 씨 아버지 : 회사원
   상민 씨 아버지 : 은행원
   2) ③

2. 1) ④
   2) ①-(ㄴ) ②-(ㄷ) ③-(ㄱ) ④-(ㄹ)
   3) ②

3. 1) 솔롱고 씨 가족 : 4(네)명
   아사코 씨 가족 : 8(여덟)명
   2) ②
   3) 아사코 가족 : 밥을 먹습니다.
   솔롱고 가족 : 일주일에 세 번

4. 1) 외할아버지 : 한국 외할머니 : 일본
   2) 생선
   3) ③
   4) ②, ③

읽기 p.162

1. 1) ②
   2) ③
   3) ③
   4) 시청
   5) 매일 저녁 같이 이야기를 합니다.

2. 1) ④
   2) 생선회, 탕수육
   3)

	토요일	일요일
1	생선회와 탕수육을 먹었습니다.	제주도 바다를 구경했습니다.
2	이모를 도와드렸습니다.	자전거를 탔습니다.

   4) ③

쓰기 p.164

1. 1)

관계	직업
할아버지	(이전) 공무원
할머니	없음
아버지	대학 교수
어머니	고등학교 선생님
형	대학원생
저	대학생
남동생	고등학생

   2) 한 달에 한 번 같이 여행을 합니다.

8과 전화 약속

듣기 p.177

1. 1) ②
   2) (많이) 아팠습니다.
   3) ②

2. 1) ① → ④ → ③ → ②
   2) ③

3. 1) 530–1114
   2) (530)–1307
   3) (709)–9114

4. 1) ②
   2) ③
   3) 영화를 봅니다.
   4) 토요일 오후 4시

읽기 p.179

1. 1) 제가 나나 씨에게 전화를 했습니다.
   2) 나나 씨 동생이 전화를 받았습니다
   3) 두 사람은 주말에 영화를 봅니다.

2. 1) 영화를 볼 겁니다.
   2) 한국 영화와 중국 영화를 모두 좋아합니다.
   3) 나나 씨가 영화 표를 샀습니다.

3. 1) ②
   2) 전화를 잘못 걸었습니다.
   3) ①

쓰기 p.181

상민 : 여보세요? 거기 나나 씨 집이지요?
동생 : 네, 그런데요. 누구세요?
상민 : 안녕하세요? 저 나나 씨 친구 상민이에요.
나나 씨 좀 바꿔 주세요.
동생 : 네. 잠깐만 기다리세요. 언니, 전화 왔어요.
나나 : 여보세요?
상민 : 나나 씨, 저 이상민이에요.
나나 : 아, 상민 씨, 안녕하세요?
상민 : 나나 씨, 토요일에 시간 있어요?
나나 : 네, 왜요?
상민 : 우리 영화 볼까요?
나나 : 좋아요. 무슨 영화를 볼까요?
상민 : 우리 OOO 봐요.
나나 : 네, 좋아요. 몇 시에 만날까요?
상민 : 4시에 영화관 앞에서 만나요.
나나 : 그래요. 영화 보고 저녁도 같이 먹어요.

듣기 지문 Listening Transcript 听力课文

1과 인사 p.55

❶

정아 : 안녕하세요?

상민 : 네, 안녕하세요?

정아 : 저는 김정아입니다.

상민 : 제 이름은 이상민입니다.

정아 : 상민 씨는 학생입니까?

상민 : 네, 순천향대학교 학생입니다. 정아 씨도 대학생입니까?

정아 : 네, 저도 대학생입니다.

❷

남1 : 아사코 씨는 어느 나라 사람입니까?

여1 : 저는 일본 사람입니다. 왕동동 씨는 한국 사람입니까?

남1 : 아니요, 저는 중국 사람입니다.

여1 : 만나서 반갑습니다.

❸

마이클 : 안녕하세요? 제 이름은 마이클입니다. 미국 사람입니다. 저는 대학생입니다. 만나서 반갑습니다.

이상민 : 안녕하세요? 저는 이상민입니다. 저는 한국 사람입니다. 순천향대학교 학생입니다. 만나서 반갑습니다.

❹

1) 안녕하세요? 저는 김정아입니다. 한국 사람입니다. 저는 학생입니다. 만나서 반갑습니다.

2) 안녕하세요? 제 이름은 솔롱고입니다. 몽골 사람입니다. 저는 대학생입니다. 만나서 반갑습니다.

3) 안녕하세요? 저는 장나나입니다. 중국 사람입니다. 학생입니다. 만나서 반갑습니다.

4) 안녕하세요? 저는 카잉입니다. 저는 베트남 사람입니다. 회사원입니다. 만나서 반갑습니다.

❺

안녕하세요? 저는 박서영입니다. 한국 사람입니다. 저는 간호사입니다.

❻

1) 안녕하세요? 저는 유양입니다. 중국 사람입니다. 한국어교육원 학생입니다.

2) 안녕하세요? 저는 루미코입니다. 일본 사람입니다. 변호사입니다.

3) 안녕하세요? 저는 김은선입니다. 한국 사람입니다. 한국어 선생님입니다.

4) 안녕하세요? 저는 앙흐체첵입니다. 몽골 사람입니다. 은행원입니다.

2과 위치 *p.71*

❶

A : 여기가 어디입니까?

B : 여기는 교실입니다.

A : 교실에 무엇이 있습니까?

B : 창문하고 칠판이 있습니다.

A : 책상하고 의자도 있습니까?

B : 네, 있습니다.

A : 책상 위에는 무엇이 있습니까?

B : 책하고 공책하고 필통이 있습니다.

❷

A : 가방 안에 무엇이 있습니까?

B : 책하고 사전하고 필통이 있습니다.

A : 수첩도 있습니까?

B : 네, 수첩도 있습니다.

A : 공책하고 신문도 있습니까?

B : 아니요, 공책하고 신문은 없습니다.

A : 필통 안에는 무엇이 있습니까?

B : 연필하고 지우개가 있습니다.

❸

여기는 교실입니다. 교실에 책상하고 의자하고 칠판이 있습니다. 선생님하고 학생도 있습니다. 책상 위에 공책하고 필통이 있습니다. 책상 옆에 가방이 있습니다. 선생님 뒤에 칠판이 있습니다. 칠판 위에 시계가 있습니다. 컴퓨터는 텔레비전 아래에 있습니다.

❹

A : 교실이 어디에 있습니까?

B : 학생회관 안에 있습니다.

A : 학생회관 안에 식당이 있습니까?

B : 네, 있습니다. 교실 아래에 있습니다.

A : 학생회관 옆에 무엇이 있습니까?

B : 우체국이 있습니다. 왼쪽이 우체국입니다. 오른쪽에 도서관도 있습니다.

A : 기숙사도 있습니까?

B : 네, 있습니다. 학생회관 뒤에 있습니다.

3과 물건 사기 *p.89*

❶

손님 : 이 사과는 얼마입니까?

주인 : 1,500원입니다.

손님 : 저 사과는 얼마입니까?

주인 : 1,000원입니다.

손님 : 저 사과 세 개 주십시오.

주인 : 네, 여기 있습니다.

❷

우유는 800원, 콜라는 700원입니다. 초콜릿은 1,200원, 라면은 750원입니다. 저는 콜라 한 병하고 라면 두 개를 삽니다. 라면은 두 개에 1,500원입니다.

❸

아사코 씨는 백화점에서 부모님 선물을 삽니다. 아버지 선물은 장갑, 어머니 선물은 손수건입니다. 장갑은 이만 원입니다. 손수건은 오천 원입니다. 모두 이만 오천 원입니다.

❹

사과는 세 개, 배는 다섯 개를 삽니다. 오렌지도 두 개 삽니다. 사과는 세 개에 삼천 원, 배는 다섯 개에 만 원입니다. 오렌지는 두 개에 삼천 원입니다.

4과 하루 일과 p.107

❶

저는 여덟 시에 일어나요. 아홉 시에 학교에 가요. 열 두 시 반에 수업이 끝나요. 한 시에 학생식당에서 친구와 점심을 먹어요. 오후 다섯 시에는 도서관에서 책을 읽어요. 그리고 숙제를 해요. 저녁 일곱 시에는 집에서 텔레비전을 봐요. 열 시에 자요.

❷

왕동동 : 솔롱고 씨, 오늘 오전에 뭐 해요?

솔롱고 : 오늘 오전에는 한국어 수업이 있어요. 그래서 학교에서 한국어를 공부해요. 열두 시에는 친구하고 학생 식당에서 점심을 먹어요.

왕동동 : 점심에 뭐 먹어요?

솔롱고 : 저는 한국 음식을 좋아해요. 그래서 보통 한국 음식을 먹어요. 왕동동 씨는 점심에 무엇을 먹어요?

왕동동 : 저는 중국 음식을 먹어요.

❸

저는 오늘 오후에 미국 친구를 만나요. 그리고 커피숍에서 같이 커피를 마셔요. 우리는 커피를 좋아해요. 저녁에는 일본 친구 아사코와 같이 집에서 숙제를 해요. 숙제가 아주 많아요. 그래서 우리는 밤 열한 시에 자요.

❹

(1) 저는 아침에 일찍 일어나요. 아침에는 빵을 먹어요.
오전에는 교실에서 한국어 공부를 해요. 친구와 같이 이야기도 해요. 한국어 공부는 재미있어요.

(2) 점심에는 학생 식당에서 한국 친구와 같이 한국 음식을 먹어요. 그리고 도서관에 가요.
저녁에는 집에서 베트남 음식을 먹어요. 그리고 숙제를 해요.

5과 생일 p.124

❶

아사코 : 상민 씨, 어제 저녁에 상민 씨를 학교 앞에서 봤어요. 어제 저녁에 뭐 했어요?

이상민 : 그래요? 어제 학교 앞에서 친구들하고 밥을 먹었어요. 아사코 씨는 뭐 했어요?

아사코 : 저는 나나 씨하고 같이 노래방에 갔어요.

이상민 : 재미있었어요?
아사코 : 네, 아주 재미있었어요. 상민 씨, 오늘 오후에는 뭐 해요?
이상민 : 오늘은 숙제가 아주 많아요. 그래서 도서관에서 공부해요. 아사코 씨는요?
아사코 : 저는 시장에 가요. 그리고 집에서 텔레비전을 봐요.

❷

어제는 카잉 씨 생일이었습니다. 저는 그저께 친구들과 같이 생일 선물을 준비했습니다. 카잉 씨는 농구를 좋아합니다. 그래서 우리는 운동화를 샀습니다. 카잉 씨는 그 선물을 정말 좋아했습니다.

❸

솔롱고 : 나나 씨, 오늘 동동 씨 생일 파티를 해요.
장나나 : 그래요? 동동 씨 생일은 모레가 아니에요?
솔롱고 : 생일은 모레예요. 그런데 생일 파티는 오늘 저녁에 동동 씨 집에서 해요.
장나나 : 아. 그럼 솔롱고 씨는 동동 씨 생일 선물을 샀어요?
솔롱고 : 네, 어제 백화점에서 샀어요.
장나나 : 뭘 샀어요?
솔롱고 : 상민 씨하고 같이 가방을 샀어요. 나나 씨는 선물을 샀어요?
장나나 : 아니요. 저는 아직 안 샀어요. 무슨 선물이 좋아요?
솔롱고 : 영어 책을 사세요. 동동 씨는 요즘 영어를 공부해요.
장나나 : 그래요? 좋아요. 그런데 오늘 파티에는 누가 와요?
솔롱고 : 우리 반 친구들하고 초급 반 선생님들이 와요.

❹

동동 : 나나 씨, 오늘은 제 생일이에요. 우리 집에 오세요. 우리 집에서 생일 파티를 해요.
나나 : 아, 오늘이 동동 씨 생일이에요?
동동 : 네, 맞아요.
나나 : 몇 시에 가요?
동동 : 오후 1시에 오세요.
나나 : 카잉 씨도 가요?
동동 : 네, 카잉 씨하고 솔롱고 씨도 와요. 제가 두 사람에게 전화했어요. 두 사람하고 같이 오세요.
나나 : 네, 그럼 1시에 만나요.

6과 음식 p.142

❶

A : 뭘 먹고 싶어요?

B : 된장찌개를 먹고 싶어요.

A : 김밥은 어때요?

B : 네, 좋아요.

❷

나나 : 정아 씨, 무슨 음식을 좋아해요?

정아 : 칼국수하고 잡채를 좋아해요.

칼국수하고 잡채는 맵지 않아요. 그래서 좋아해요.

나나 : 아, 그래요? 그럼 오늘 점심은 칼국수가 어때요?

정아 : 네, 좋아요.

❸

저는 일본 사람이지만 한국 음식을 아주 좋아해요. 특히 김치를 좋아해요. 그래서 김치찌개, 김치 라면, 김치 만두 모두 좋아해요. 하지만 다나카 씨는 김치를 좋아하지 않아요. 다나카 씨는 삼계탕을 좋아해요. 마이클 씨도 삼계탕을 좋아해요. 그래서 오늘 점심에 우리는 삼계탕을 먹었어요. 삼계탕은 뜨겁지만 맵지 않았어요. 다나카 씨와 마이클 씨는 아주 좋아했어요. 저녁에는 베트남 음식점에 갔어요. 우리는 쌀국수를 먹었어요. 정말 맛있었어요.

❹

상민 : 카잉 씨, 오늘 저녁에 무엇을 하고 싶어요?

카잉 : 저는 여자 친구와 같이 저녁을 먹고 싶어요.

상민 : 무슨 음식을 먹고 싶어요?

카잉 : 비빔밥을 먹고 싶어요.

상민 : 여자 친구가 한국 음식을 좋아해요?

카잉 : 네. 아주 좋아해요. 상민 씨는 오늘 저녁에 뭘 하고 싶어요?

상민 : 저는 나나 씨와 영화를 보고 싶어요.

카잉 : 무슨 영화를 보고 싶어요?

상민 : 〈사랑〉을 보고 싶어요.

7과 가족 *p.159*

❶

상민 : 마이클 씨 부모님께서는 무슨 일을 하세요?

마이클 : 아버지께서는 회사에 다니세요.

상민 : 어머니께서도 일을 하세요?

마이클 : 네, 어머니께서는 선생님이세요. 상민 씨 아버지께서는 무슨 일을 하세요?

상민 : 제 아버지께서는 은행원이세요.

마이클 : 어머니께서도 일을 하세요?

상민 : 아니요, 어머니께서는 가정주부세요.

❷

우리 가족을 소개하겠습니다. 우리 가족은 할아버지, 할머니, 부모님, 형, 여동생, 그리고 저입니다. 할아버지께서는 의사셨습니다. 지금은 퇴직하시고 할머니와 집에 계십니다. 부모님은 모두 일을 하십니다. 아버지께서는 회사원이시고, 어머니께서는 의사십니다. 형은 은행에 다니고, 여동생은 아직 고등학생입니다. 그리고 저는 대학생입니다.

❸

아사코 : 솔롱고 씨 가족은 모두 몇 명이에요?

솔롱고 : 우리 가족은 할머니, 아버지, 어머니, 저 이렇게 모두 네 명이에요. 아사코 씨 가족은 몇 명이에요?

아사코 : 여덟 명이에요.

솔롱고 : 가족이 정말 많네요. 누구누구예요?

아사코 : 할아버지, 할머니, 아버지, 어머니, 오빠, 남동생, 여동생 그리고 저예요.

솔롱고 : 아사코 씨는 형제가 많네요. 할아버지와 할머니께서는 아직도 일을 하세요?

아사코 : 아니요. 퇴직하시고 집에 계세요. 솔롱고 씨 할머니께서는 일을 하세요?

솔롱고 : 네. 아버지와 같이 과일가게를 하세요. 아사코 씨 부모님께서는 무슨 일을 하세요?

아사코 : 두 분은 모두 공무원이세요.

솔롱고 : 아사코 씨 형제들은 모두 학생이에요?

아사코 : 아니요. 저와 여동생은 대학생이고, 오빠와 남동생은 회사원이에요.

솔롱고 : 아사코 씨 가족은 자주 만나요?

아사코 : 아니요. 한 달에 한 번 만나요. 그래서 한 달에 한 번 모두 같이 밥을 먹어요. 솔롱고 씨 가족은 같이 무엇을 해요?

솔롱고 : 우리 가족은 일주일에 세 번, 같이 운동을 해요.

아사코 : 와, 부러워요.

❹

아사코 씨 외할아버지 댁은 부산에 있습니다. 외할아버지께서는 한국 사람이시고, 외할머니께서는 일본 사람이십니다. 두 분은 시장에서 생선가게를 하십니다. 일본에서 부산은 가깝습니다. 아사코 씨 가족은 1년에 한 번 배를 타고 부산에 옵니다. 배는 비행기보다 가격도 싸고 편리합니다. 아사코 씨 가족은 부산에서 바다를 구경합니다. 한국은 과일과 생선이 일본보다 더 쌉니다. 그래서 과일과 생선을 많이 먹습니다. 아사코 씨 가족은 정말 즐겁습니다.

8과 전화 약속 *p.177*

❶

A : 여보세요! 거기 카잉 씨 집이지요?

B : 네, 그런데 누구세요?

A : 저, 카잉 씨 친구 아사코예요. 카잉 씨 있어요?

B : 네, 잠깐만 기다리세요.

(잠시 후)

C : 여보세요!

A . 카잉 씨, 저 아사코예요.

C : 아사코 씨, 오늘 학교에 왜 안 왔어요?

A : 오늘 많이 아팠어요.

C : 그랬어요? 지금은 괜찮아요?

A : 네, 괜찮아요. 그런데 오늘 숙제가 뭐예요?

C : 숙제요? 잠깐만 기다리세요.

A : 네.

❷

저는 이번 주말에 약속이 없습니다. 그래서 솔롱고 씨에게 전화를 했습니다. 솔롱고 씨도 이번 주말에 약속이 없습니다. 그래서 우리는 토요일에 놀이공원에 갈 겁니다. 먼저 놀이공원에서 놀고, 밥을 먹을 겁니다. 그리고 학교에 돌아올 겁니다. 학교 앞 노래방에서 솔롱고 씨 친구들하고 같이 노래를 부를 겁니다. 아주 재미있을 겁니다.

❸

1) 여1 : 여보세요! 순천향대학교가 몇 번이에요?
   남1 : 문의하신 번호는 530-1114입니다. 오삼공의 일일일사입니다.

2) 남2 : 여보세요! 한국어교육원이 몇 번이에요?
   여2 : 문의하신 번호는 530-1307입니다. 오삼공의 일삼공칠입니다.

3) 여2 : 여보세요! 순천향병원이 몇 번이에요?
   남1 : 문의하신 번호는 709-9114입니다. 칠공구의 구일일사입니다.

❹

나 나 : 여보세요, 거기 흐엉 씨 집이지요?

남동생 : 네, 누구 찾으세요?

나 나 : 흐엉 씨 있어요?

남동생 : 잠깐만 기다리세요. 누나, 전화 왔어요.

흐 엉 : 여보세요.

나 나 : 흐엉 씨, 저 나나예요. 이번 주말에 뭐 해요?

흐 엉 : 집에 있을 거예요. 왜요?

나 나 : 그럼 저랑 같이 영화 봐요.

흐 엉 : 무슨 영화요?

나 나 : 〈해리포터〉 어때요?

흐 엉 : 좋아요. 그 영화 저도 보고 싶었어요. 그럼 언제 만날까요?

나 나 : 토요일 오후 4시에 만나요.

흐 엉 : 어디에서 만날까요?

나 나 : 지하철역 앞에서 만나요.

흐 엉 : 좋아요. 그럼 토요일에 만나요.

나 나 : 네, 토요일에 봐요.

문법 설명 Grammar Reference 语法说明

1과

❶ N + 은/는 (N입니다)

조사. 주제, 대조 표시.

A postpositional subject marker which denotes contrast.

助词-表示话题、比较。

앞 단어의 끝 음절에 받침이 있을 때 : N + '은'
When the word ends in a consonant
前一单词末音节以辅音结尾时(韵尾○)

앞 단어의 끝 음절에 받침이 없을 때 : N + '는'
When the word ends in a vowel
前一单词末音节以元音结尾时(韵尾×)

이름 : 제 이름 + '은' → 제 이름은
저 : 저 + '는' → 저는

❷ N + 입니다 / 입니까?

조사. 격식체. 기본형 '이다'. 대상의 부류나 속성을 지정하는 뜻을 표현하고, 문장의 서술어가 되게 한다. 평서문에서는 '입니다', 의문문에서는 '입니까?'가 쓰인다.

The polite formal form of the verb to be. Its basic form is '이다 – to be.' The declarative form of the verb is '입니다.' The inquisitive form is '입니까?'

助词-为正规语体基本形态。表示对象类别或属性、此成份在句中作谓语。陈述句使用 '입니다'、疑问句使用 '입니까?'。

❸ A/V + -ㅂ니다/습니다 | -ㅂ니까?/습니까?

어미. 말하는 사람이 듣는 사람에게 공손히 설명할 때 쓴다. 높임의 정도가 가장 높고 공식적인 어미. 다소 딱딱한 느낌을 준다. 평서형은 '-ㅂ니다/습니다', 의문형은 '-ㅂ니까?/습니까?'를 쓴다.

The polite formal present tense verb conjugation. When speaking, it signifies respect. In the declarative form, the stem form of the verb is added to the conjugation '-ㅂ니다/습니다.' In the inquisitive form; it is added to the conjugation 'ㅂ니까?/습니까?'

语尾-话者恭敬地向听者说明时使用。此语尾属正式语体、其尊敬程度最高、但使用此语尾说话时。难免会给人一种生硬感。陈述句使用 '-ㅂ니다/습니다'、疑问句使用 '-ㅂ니까?/습니까?'。

어간의 끝 음절에 받침이 없을 때 : + 'ㅂ니다' / 'ㅂ니까?'
When the verb with stems ends in a vowel
词根末音末音节以元音结尾时(韵尾×)

어간의 끝 음절에 받침이 있을 때 : + '습니다' / '습니까?'
When the verb with stems ends in a consonant
词根末音节以元音结尾时(韵尾O)

하다 : 하 + 'ㅂ니다' → 합니다
반갑다 : 반갑 + '습니다' → 반갑습니다

❹ N + 도

조사. 여러 가지 대상이나 사태를 나열하거나 어떤 대상이나 사태에 더함을 나타내는 조사.

A postpositional marker which means 'also' or 'too.' When used, it replaces the subject marker '이/가', or the object marker '을/를' depending on how it is used.

助词-表示并列关系、罗列事物或状态情况时使用。(相当于汉语中 '也、还、并且')

2과

❶ N + 이/가

조사. 어떠한 상황이나 상태의 주체나 대상임을 표현. 주어가 된 대상 표현.

This particle indicates that the preceeding noun or noun phrase is the subject of the sentence. When the noun or noun phrase ends in a consonant, the subject marker '이' is added. '가' is added when it ends in a vowel.

助词- 表示某个状况或情况的主体或对象。表示成为主语的对象。

앞 단어의 끝 음절에 받침이 있을 때 : N + '이'
When the word ends in a consonant
词根末音节以元音结尾时(韵尾○)

앞 단어의 끝 음절에 받침이 없을 때 : N + '가'
When the word ends in a vowel
前一单词末音节以元音结尾时(韵尾×)

책상 : 책상 + '이' → 책상이
의자 : 의자 + '가' → 의자가

❷ (N + 은/는) N + 이/가 아니다

형용사. '이다'의 부정.

Adjective. '아니다' is the negative form of the verb '이다'.

形容词、为 '이다' 的否定形态。(相当于汉语 '不是')

부정의 대상인 명사에 조사가 붙고 띄어쓰기를 한 후 쓰인다.
否定对象名词后添加助词后、空一格后适用此形容词。

책상 : 책상 '이' 아니다 → 책상이 아닙니다.
의자 : 의자 '가' 아니다 → 의자가 아닙니다.

❸ N + 에 (1)

조사. 위치 표현. 위치나 존재를 표현하는 동사와 함께 사용.

A postpositional particle used to declare location, or used with verbs expressing existence.

助词- 表示位置、与表示位置或存在的动词一起使用。

❹ N + 하고 + N

조사. 사물이나 사람을 열거할 때 쓰임.

A conjunction used in writing to connect two or more nouns.

助词、罗列事物或人时使用、相当于汉语中 '和、与'。

3과

❶ N + 에

1) N + 에 (2)

조사. 셈을 하거나 값을 매길 때 기준이 되는 단위임을 표현.

This particle is added to a noun which shows how numbers are being counted. It is similar to 'per'

助词- 表示计算或定价时、用作基准的单位。

2) N + 에(3)

조사. (가다, 오다 등의 동사와 함께 쓰여) 행위의 진행 방향이나 목적지를 표현.

The direction or destination of the represented noun similar to the particle 'to'.

助词- （与가다、오다等表示趋向性动词一起使用）表示行动进行方向或目的地。

❷ N + 에서

조사. 어떤 행위나 동작이 이루어지고 있는 장소임을 표현.

A postpositional particle which denotes the location in which an act or action is being done (similar to 'in' or 'at').

助词-表示某行为或动作所发生的场所。

❸ N + 을/를

조사. 행위가 직접적으로 미친 대상임을 표현.

A postpositional object marker which shows a noun taking action.

助词- 表示行为后直接或间接影响的对象。

앞 단어의 끝 음절에 받침이 있을 때 : N + '을'

When the word ends in a consonant

前一单词末音节以辅音结尾时(韵尾○)

앞 단어의 끝 음절에 받침이 없을 때 : N + '를'

When the word ends in a vowel

前一单词末音节以元音结尾时(韵尾×)

책상 : 책상 + '을' → 책상을

의자 : 의자 + '를' → 의자를

❹ 수관형사 + 단위명사

1) 수관형사

사물의 수량이나 차례를 나타내는 관형사.

한(1), 두(2), 세(3), 네(4) 등

Pure Korean numbers.

A number placed before the noun (separate from the Sino-Korean counting system) which indicates the quantity of the object being counted.

数量代词

表示事物数量或顺序的代词

2) 단위명사

명사. 수량 단위로 쓰임.

Counting nouns. These are nouns used to count objects.

单位名次。名词- 为数量单位。

❺ V + -(으)십시오

어미. 격식체. 존대, 명령 표현.

This ending indicates a request in the polite formal style.

语尾。正规语体。尊敬对象、表示 命令。

어간의 끝 음절에 받침이 없을 때 : + '십시오' : 가십시오(가다)

When the verb with stems ends in a vowel

词根末音节为元音时

어간의 끝 음절에 받침이 있을 때 : + '으십시오' : 읽으십시오(읽다)

When the verb with stems ends in a consonant

词根末音节为辅音时

4과

❶ A/V + -아요/어요/여요 (1)

어미. 말하는 사람의 생각이나 사실을 말할 때 사용. 서술, 의문, 명령, 요청 표현. '-습니다'가 깍듯하고 딱딱한 느낌을 주는데 반해 '-아요'는 부드러운 느낌을 준다.

The polite informal present tense way to conjugate a verb. This conjugation is used in declarative and inquisitive sentences, when making requests, or when giving orders.

'-습니다' is the formal polite present tense way to address individuals of higher status, while '-아요' is used to convey an informal tone while still maintaining courtesy.

语尾- 表达话者想法或事实时使用。表示陈述、疑问、命令或请求。'-습니다' 语尾较为生硬、而 '-아요' 语气则较为委婉。

어간의 끝 음절 'ㅏ. ㅗ' + '아요' : (받다) 받 + '아요' → 받아요

When the final vowel in the stem of the verb ends in 'ㅏ. ㅗ' the conjugation '아요' is added.

词根末音节为 'ㅏ. ㅗ时' + '아요' : (받다) 받 + '아요' → 받아요

어간의 끝 음절 'ㅏ. ㅗ' 이외 + '어요' : (먹다) 먹 + '어요' → 먹어요

When the final vowel in the stem of the verb does not end in 'ㅏ. ㅗ' the conjugation '어요' is added.

词根末为 'ㅏ. ㅗ' 外其他音节时 + '어요' : (먹다) 먹 + '어요' → 먹어요

어간의 끝 음절 '하' + '여요' = '하여요' ⇒ '해요' 단축 형태 많이 사용.

(special instance) When the final vowel in the stem of the verb ends in '하' the conjugation '여요' is added. '하' + '여요' = '하여요' ⇒ '해요' is the contracted form of the conjugated verb.

词根末音节为 '하'时 + '여요' = '하여요' ⇒ '해요' 缩写形态 '해요' 更为多用。

❷ N + 예요/이에요

조사. '이다'의 활용 형태. 주어가 지시하는 대상의 속성이나 부류를 지정하는 뜻을 표현하고 문장의 서술어 기능을 하며 주로 체언에 붙는다. '입니다'가 깍듯하고 딱딱한 느낌을 주는데 반해 '예요'는 부드러운 느낌을 준다.

'이다's practical form. This is the informal polite way to conjugate the verb – to be. '입니다' is the formal polite way to end a sentence, and is used when speaking with people you are unfamiliar with. '예요' is used when the speaker wishes to convey a more informal friendlier feeling to the listener.

助词- 为 '이다' 其他形态。表示主语所指对象属性或类别、此成份在句中作谓语、且예요/이에요多用于形式名词（体言）之后。'입니다' 较为生硬、而 '예요' 则较为婉转。

앞 단어의 끝 음절에 받침이 없을 때 : + '예요' : 친구 + '예요' → 친구예요

When the word ends in a vowel

前一单词末音节以元音结尾时(韵尾×)

앞 단어의 끝 음절에 받침이 있을 때 : + '이에요' : 선생님 + '이에요' → 선생님이에요

When the word ends in a consonant

词根末音节以元音结尾时(韵尾○)

❸ N + 에(시간) (4)

조사. 시간 표현.

A particle which is used with time expressions.

助词- 表示时间

＊N + 에는

N + '에' + '는' (화제, 비교, 강조 표현 조사) 결합형. N + '에'를 비교, 강조한다.

N + '에' + '는' ('는' represents topic, comparison and emphasis) is a combination type of postpositions. This emphasizes N + '에' or comparisons to next one.

N + '에' + '는' 表示话题、比较或强调、为助词结合形态。比较或强调 N + '에' 部分。

❹ N + 와/과 (같이)

1) N + 와/과

조사. 여러 사물이나 사람을 열거함. '하고'와 같다.

A particle used to link several things or people together. It is similar to '하고 – and'.

助词- 罗列事物或人时使用、与 '하고' 意思相同。（相当于汉语 '和、与'）

앞 단어의 끝 음절에 받침이 없을 때 : + '와'

When the word ends in a vowel

前一单词末音节以元音结尾时(韵尾×)

앞 단어의 끝 음절에 받침이 있을 때 : + '과'

When the word ends in a consonant

词根末音节以元音结尾时(韵尾○)

2) N + 와/과 (같이/함께)

조사. 행위를 함께 하는 대상임을 표현. 보통 '같이'나 '함께' 등의 부사와 함께 쓰인다. '하고'와 바꿔 쓸 수 있다.

These are particles used to link several things together. '같이' and '함께' are adverbs that are written together with these particles. When writing, you are able to change the particles to 하고.

助词-表示共同行为的对象，一般与 '같이' 或 '함께' 等副词共同使用。可与 '하고' 替换使用。

（相当于汉语 '和，与，一起，一道'）

5과

❶ A/V + -았/었/였-

어미. 과거 표현.

Past tense.

语尾-表示过去时态。

어간의 끝 음절 'ㅏ, ㅗ' + '-았-' : 앉 + 았 + 어요/습니다 → 앉았어요/앉았습니다(앉다)

When the final vowel in the stem of the verb ends in 'ㅏ, ㅗ' add '-았습니다' in the formal ending and '-았어요' for informal ending.

ex. (앉다 to sit)
formal polite: 앉 + '았' + 습니다 → 앉았습니다
informal polite: 앉 + '았' + 어요 → 앉았어요
词根末音节为 'ㅏ, ㅗ' 时 + '-았-' : 앉 + '았' + 어요/습니다 → 앉았어요/앉았습니다(앉다)

어간의 끝 음절 'ㅏ, ㅗ' 이외 + '-었-' : 먹 + '었' + 어요/습니다 → 먹었어요/먹었습니다(먹다)

When the final vowel in the stem of the verb does not end in 'ㅏ, ㅗ' add '-었습니다' in the formal ending and '-었어요' for informal ending.

ex. (먹다 to eat)
formal polite: 먹 + '었' + 습니다 → 먹었습니다
informal polite: 먹 + '었' + 어요 → 먹었어요
词根末为 'ㅏ, ㅗ' 外其他音节时 + '-었-' : 먹 + '었' +어요/습니다 → 먹었어요/먹었습니다(먹다)

어간의 끝 음절 '하' + '-였-' + 어요/습니다 → 하였어요/하였습니다 ⇒ 했어요/했습니다 : 단축형태 '했어요/했습니다'를 많이 사용.

(special instance) When the final vowel in the stem of the verb ends in '하' add '였습니다' in the formal ending and '였어요' for the informal ending.

ex. (하다 to do)
formal polite: 하 + 였습니다 = 하였습니다 → 했습니다
informal polite: 하 + 였어요 = 하였어요 → 했어요

词根末音节为 '하' 时 + '-였-' + 어요/습니다 → '하였어요/하였습니다' ⇒ '했어요/했습니다' : 缩写形态 '했어요/했습니다' 更为多用

❷ 안 + A/V

부사. 부정 표현.

An adverb used to negate (similiar to 'not').

副词- 表示否定（相当于汉语 '不'）。

* 'N하다' 동사의 부정은 'N 안 하다' : 청소 안 해요, 빨래 안 해요. 공부 안 해요.
  The verb 'N 하다' can be negated by inserting '안' in front of it. 'N +안 하다'
  ex. 청소 **안** 해요, 빨래 **안** 해요. 공부 **안** 해요.
* 'N하다' 动词否定形态为 'N 안 하다' : 청소 안 해요, 빨래 안 해요. 공부 안 해요.

* '있다'의 부정은 '없다' : 없어요, 맛없어요, 재미없어요.
  '있다's negation is the verb '없다' ex. 없어요, 맛없어요, 재미없어요.
* '있다' 否定形态为 '없다' : 없어요, 맛없어요, 재미없어요.

❸ V + -(으)세요

어미. 주어를 높이면서 서술, 명령, 요청, 물음을 하는 표현. 의문문은 형용사도 가능.

The command form for verbs. A polite informal way to ask someone to do something.

语尾- 尊敬主语、表示陈述、命令、请求或询问。疑问句中亦可与形容词一同使用。

어간의 끝 음절이 받침에 없을 때 : + '세요' : 오 + 세요 (오다)

When the verb with stems ends in a vowel

词根末音节为元音时

어간의 끝 음절이 받침에 있을 때 : + '으세요' : 읽 + 으세요 (읽다)

When the verb with stems ends in a consonant

词根末音节为辅音时

❹ N + 에게

조사. 행위의 영향을 받는 대상임을 표현.

A postposition particle which directs an action or effect towards the subject. (Similiar to the particle 'to')

助词- 表示行为所受影响的对象。

❺ N + 들

접사. 복수(複數) 표현.

The suffix used to pluralize nouns.

叠词、表示复数。

6과

❶ 'ㅂ' 불규칙 / Irregular 'ㅂ' / 'ㅂ' 不规则

A/V의 어간의 끝소리 'ㅂ'이 모음('아/어') 앞에서 '오/우'로 바뀜.

보통 '우'가 첨가, '돕다, 곱다'는 '오'가 첨가.

When the stem of the adjective or verb being conjugated ends in 'ㅂ,' the 'ㅂ' changes into an '우.' In the verbs '돕다, 곱다,' the 'ㅂ' changes to '오.'

A V词根末音节 'ㅂ' 在元音('아/어')前应改为 '오/우'、一般应变为 '우'、但 '돕다、곱다' 为特殊词，应改为 '오'。

불규칙 irregular 不规则 : 맵다, 싱겁다, 고맙다, 반갑다, 춥다, 덥다, 곱다, 무겁다, 가볍다, 아름답다, 가깝다 등

규칙 regular 规则 : 잡다, 뽑다, 씹다, 입다, 접다, 좁다 등

❷ A/V + -지 않다

표현. 앞선 행위나 상태의 부정 표현.

The negative representation of verbs.

句型- 表示先前行为或状态的否定、相当于汉语"不"

어미 '-지' + '않다' : 먹 + 지 않다 → 먹지 않다

the suffix '-지' is added to the stem of the verb and '않다 - do not' is inserted after the verb.

ex. (먹다 - to eat)

먹 + '-지' + '않다' = 먹지 않다

语尾 '-지' + '않다' : 먹 + 지 않다 → 먹지 않다

❸ V + -고 싶다

표현. 말하는 사람이 어떤 행위를 하기를 원함을 나타내는 표현.

A compound verb used to demonstrate desire to do an action.

句型- 表示话者希望进行某行为（相当于汉语“想”）

1인칭(화자 주어), 2인칭(의문문)에서는 '-고 싶다', 3인칭에서는 '-고 싶어 하다' 사용.

형용사에는 쓸 수 없다.

In the first person declarative, and second person inquisitive form, the verb is conjugated as: (Verb stem) + '-고 싶다' In the third person use '-고 싶어 하다.'

This form can not be used when writing adjectives.

第1人称(话者主语)、第2人称(疑问句)应使用 '-고 싶다'、第3人称则应使用 '-고 싶어 하다'。

不可与形容词一起使用。

❹ V + -겠-

어미. 의향이나 의지, 추측 표현. 상대방의 의향을 물어볼 때 사용. 화자의 의도, 의지 표현.

하지 않은 일에 대한 의지나 추측을 표현하므로 일반적으로 미래 표현과 함께 쓰임.

The future tense form of a verb which is similar to 'will.' This tense indicates a speakers intentions or presumptions.

语尾、表示意向、意志或推测。询问对方意向时使用。表示或者意图或意志。此语尾表示对未进行事情意志或推测、因此一般情况下应与未来句型共同使用。

❺ A/V + -지만

어미. 앞뒤 문장이 반대되는 내용 표현. 앞 내용을 인정하지만 뒤 내용은 그것에 별로 영향을 받지 않음을 표현.

A conjugation used to show contrast between two sentences, similar to the preposition 'but.'

语尾-表示前后文转折关系。虽承认前句内容，但后句却不受前句任何影响。

7과

❶ A/V + -(으)시- / N + -(이)시-

어미. 문장의 주어 존대 의미 표현.

When this suffix is added to a verb or adjective, it elevates the subject to a position of honor.

语尾- 表示对句子主语的尊敬。

어간의 끝 음절에 받침이 없을 때 : + '시'

When the verb with stems ends in a vowel

词根末音节为元音时

: 가 + '시' + 어요 → 가시어요 → 가셔요/가세요 (가다)

: 가 + '시' + ㅂ니다 → 가십니다

어간의 끝 음절에 받침이 있을 때 : + '으시'

When the verb with stems ends in a consonant

词根末音节为辅音时

: 읽 + '으시' + 어요 → 읽으시어요 → 읽으셔요/읽으세요 (읽다)

: 읽 + '으시' + ㅂ니다 → 읽으십니다

❷ N + 께서

조사. 문장의 주어임을 표현. 조사 '이/가'의 높임말.

This postpositional particle replaces '이/가.' It is used to elevate its subject.

助词- 表示句子主语、为助词 '이/가' 尊敬形势。

'께서'는 보통 높임을 나타내는 어미 '-(으)시'와 함께 쓰인다.

'께서' ordinarily appears together with the verb suffix '(으)시' and is written when using the honorific form.

'께서'는 '는', '도'와 같은 조사와 함께 쓰인다. '이/가'는 그렇지 않다.

'께서' can be written in conjunction with '는' and '도' to maintain honorific speech. '께서' replaces the subject particle '이/가.'

'께서' 为一般尊敬形势、与语尾 '-(으)시' 共同使用。

'께서' 可与 '는'、'도' 等助词共同使用、但 '이/가' 却不可以。

* N께서는 (○)　　N이/가는 (X)
  N께서도 (○)　　N이/가도 (X)

❸ A/V + -고 / N + (이)고

어미. 두 가지 이상의 행위나 상태, 사실을 연결함을 표현. 시간 순서에 따른 행위 연결을 표현.

A conjunctive suffix added to a noun, action verb, or quality verb. It is similar to the word 'and'.

语尾- 罗列两个以上行为、状态或事实时使用。按时间顺序、连接两个以上行为时使用。

시간을 나타내는 '-았' '-겠-' 등은 앞 뒤 문장의 시간이 같으면 앞 뒤 다 쓰지만, 주로 뒤 문장에만 쓴다.

If either the past or future tense is used in the sentence, both verbs can be conjugated in either tense as long as it remains constant throughout. However, it is more common and correct to only conjugate the final verb in the sentence.

表示时间的 '-았' '-겠-'、若前后两句时间一致时、虽前后句均可使用、但多数只在后句使用。

* 우리는 밥도 먹었고, 차도 마셨다.(O, correct)
* 우리는 밥도 먹고, 차도 마셨다.(O, more correct)

❹ N + 보다

조사. 비교되는 대상임을 표현. '더' 등의 부사와 자주 같이 쓰인다.

Comparative adjectives.

A particle similar to 'than' which, when used with '더' (more), introduces a comparison.

助词- 表示比较对象、常与 '더' 等副词共同使用。

❺ '—' 탈락 / '—' omission / '—' 脱落

어간 '—'가 '-아/어' 앞에서 탈락.

Irregular verb rule. '—' is omitted when '—' is in front of '-아/어'.

词根末音 '—' 位于 '-아/어' 前、则应脱落。

어간이 1음절 '—'인 경우는 'ㅓ'로 변화 : 쓰다 → 써

When there is only one syllable, the '—' is changed to 'ㅓ' like in the example : 쓰다 → 써

词根只有1个音节 '—'时、'—' 脱落后，后缀音节应为 'ㅓ' : 쓰다 → 써

2음절 이상에서는 탈락하고 남은 음절에 따라 어미 결정 : 예쁘다 → 예뻐

In words with two or more syllables, the remained syllable determines the final vowel : 예쁘다 → 예뻐

若有2个音节以上时、'—' 脱落后、则根据所剩音节决定后缀元音: 예쁘다 → 예뻐

❻ A/V -네요 : N +(이)네요

어미. 말하는 사람이 직접 경험하여 알게 된 사실에 대해 감탄함의 표현 '-네'에 높임의 '요'가 붙은 표현.

This conjugation is an exclamatory expression, which shows surprise or astonishment. It can be used with all verbs, but when the 요 is omitted, its meaning becomes a statement in the informal impolite form.

语尾- 表示话者对亲身经历所知事实的感叹。'-네' 后添加尊敬形势 '요'

❶ A/V + -지요? / N + (이)지요?

어미. 이미 알고 있는 사실을 서술하거나 물음.

듣는 사람이 말하는 사람이 말하는 사실을 알고 있다고 믿고 물어보거나 말하는 사람이 이미 알고 있는 것을 확인하듯 물어볼 때 사용.

A conjugation used to affirm something that both the speaker and listener already know. Depending on the context, the speaker will either expect an affirmation or nothing at all. (similar to the English expression, "right?")

语尾- 表示对已知事实的陈述或询问。

听者相信话者所说事实、并对其表示询问、或话者对所知事实的确认性询问。

* '지요?'는 아는 사실을 확인할 때.
  ~지요? is used when the speaker expects a confirmation of information already known to both individuals.
  '지요?' 用于确认所知事实。

* '-지요'는 '-죠'로 줄여 쓸 수 있다.
  '-지요' or the more colloquial term '-죠' are not to be written, but spoken. The speaker doesn't expect a response when using this conjugation.
  '-지요' 亦可缩为 '-죠' 形势。

* '-아/어요'는 새로운 정보를 제시하거나 물을 때 사용.
  When a new piece of information is added to the conversation, use normal conjugation.
  '-아/어요' 用语提示新信息或询问不知内容。

❷ V + -아/어 주다

표현. 다른 사람을 위해 어떤 행위를 함을 나타내는 표현.

When this conjugation is used, it expresses the speakers offer to do something, or request for something.

句型- 表示为他人而进行某个行为。

어미 '-아/어' + 동사 '주다'

the stem + '아/어' + the verb '주다'

语尾 '-아/어' + 동사 '주다'

어간의 끝 음절 'ㅏ, ㅗ' + '아' : 받 + 아 주다 (받다)
When the stem's final vowel is ㅏ or ㅗ + '아' : 받 + 아 주다 (받다 –to receive)
词根末音节为 'ㅏ、ㅗ' 时 + '아' : 받 + 아 주다 (받다)

어간의 끝 음절 'ㅏ, ㅗ' 이외 + '어' : 씻 + 어 주다 (씻다)
When the stem's final vowel is not 'ㅏ, ㅗ' + '어' : 씻 + 어 주다 (씻다 – to wash)
词根末为 'ㅏ、ㅗ' 外其他音节时 + '어' : 씻 + 어 주다 (씻다)

어간의 끝 음절 '하' + '여' : 하 + 여 주다 → 해 주다 (하다)
When the stem's final is '하' + '여' : 하 + 여 주다 → 해 주다 (하다 → to do)
词根末音节为 '하' 时 + '여' : 하여 주다 → 해 주다 (하다)

행위의 대상이 윗사람인 경우에는 '–아/어 드리다'를 쓴다.
When using the honorific form, the verb '주다' is substituted for the honorific verb '드리다'.
V+ 아/어 주다 becomes V + '아/어 드리다'
行为对象为长辈时、应用 '–아/어 드리다'

❸ A/V + –(으)ㄹ 거예요

V + –(으)ㄹ 거예요

표현 1) 앞으로 어떤 행위를 하겠다는 강한 의지나 의사, 주관적 소신 표현.
When the final verb is conjugated in this form, the sentence explains the speakers intentions or opinions
表示对日后行为的强烈意志、意愿或主观信念。

A/V + –(으)ㄹ 거예요

표현 2) 어떤 상황이나 사실에 대한 전망이나 추측 표현.
The future tense conjugation.
This form is also used when the speaker has a view or presumption about circumstances or facts.
表示对某状态或事实的展望或推测。

어간의 끝 음절에 받침이 없을 때 + 'ㄹ 거예요' : 올 거예요(오다)
When the verb with stems ends in a vowel
词根末音节以元音结尾时

어간의 끝 음절에 받침이 있을 때 + '(으)ㄹ 거예요' : 먹을 거예요(먹다)
When the verb with stems ends in a consonant
词根末音节以辅音结尾时

* 추측을 나타낼 때만 '-았'과 쓰일 수 있다.
Only when the speaker makes an inference about the past, can the past tense be used. (third conditional)
仅表示推测时、可与 '-았' 共同使用。

❹ V + -(으)ㄹ까요?

어미. 상대방의 의향, 의견을 묻거나 제안함을 표현.
Future tense. This form is used to inquire about intentions or opinions.
语尾- 表示询问对方意向、意见或表示建议。

어간의 끝 음절에 받침이 없을 때 + 'ㄹ까요?' : 올까요?(오다)
When the verb with stems ends in a vowel
词根末音节以元音结尾时

어간의 끝 음절에 받침이 있을 때 + '(으)ㄹ까요?' : 먹을까요?(먹다)
When the verb with stems ends in a consonant
词根末音节以辅音结尾时

❺ V + -아/어/여요 (2)

어미. 어떤 사실을 서술하거나 물음, 명령, 요청을 나타내는 종결어미. 여기서는 요청을 표현.
The informal polite way to conjugate a verb in the present tense. It can be used in to conjugate the inquisitive, command, or request form of a sentence. It expresses an urgent request.
语尾-终结语尾、表示陈述某个事实、或询问、命令或请求、此处表示 '请求'。

어간의 끝 음절 'ㅏ, ㅗ' + '아요' : 받 + 아요 (받다)
When the stem's final vowel is ㅏ or ㅗ + '아요' : 받 + 아요 (받다)
词根末音节为 'ㅏ、ㅗ' 时 + '아요' : 받 + 아요 (받다)

어간의 끝 음절 'ㅏ, ㅗ' 이외 + '어요' : 먹 + 어요 (먹다)
When the stem's final vowel is not 'ㅏ or ㅗ' + '어요' : 먹 + 어요 (먹다)
词根末为 'ㅏ、ㅗ' 外其他音节时 + '어요' : 먹 + 어요 (먹다)

어간의 끝 음절 '하' + '여요' : 하여요 → 해요 (하다)
When the stem's final '하' + '여요' : 하여요 → 해요 (하다)
词根末音节为 '하' 时 + '여요' : 하여요 → 해요 (하다)

❻ N + (이)랑

조사. 사람이나 사물 열거, 행위를 같이 하는 대상 표현. 행위를 같이 하는 대상을 표현할 때는 '같이' 혹은 '함께'와 자주 같이 쓰인다.

A suffix added to a noun to indicate addition, or combination (similar to the word 'with'). Often times 같이 and 함께 are written together with it.

助词- 罗列事物、人或行为对象、表示共同行为对象时、常与 '같이'、'함께' 共同使用。

앞 단어의 끝 음절에 받침이 없을 때 + '랑' : 친구랑
When the word ends in a vowel
前一单词末音节以元音结尾时(韵尾×)

앞 단어의 끝 음절에 받침이 있을 때 + '이랑' : 과일이랑
When the word ends in a consonant
词根末音节以元音结尾时(韵尾○)

'와', '하고'와 같은 기능. '랑' '하고'는 주로 구어에서 쓰이고, 마지막에 연결되는 명사 뒤에 쓰이기도 하지만 '와'는 그럴 수 없다.
랑 is the same as '와' and '하고,' but 랑 is used more frequently in conversation.
랑 can be used after a noun, but 와 can not.
与 '와'、'하고' 意思相同。'랑' 与 '하고' 主要用于口语、亦可用于最后一个名词之后、但 '와' 却不可。

① 정아 씨랑 상민 씨랑 같이 갔어요. (O)
② 정아 씨하고 상민 씨하고 같이 갔어요. (O)
③ 정아 씨와 상민 씨와 같이 갔어요. (X)

❼ 'ㄹ' 탈락 / 'ㄹ' omission / 'ㄹ' 脱落

규칙. 어간 'ㄹ'이 'ㄴ' 'ㅂ' 'ㅅ' 앞에서 탈락하는 현상. 매개모음 '으' 불필요.

Irregular verb rule. When the final consonant of a stem verb ends in 'ㄹ,' and is to be combined with either 'ㄴ' 'ㅂ' 'ㅅ,' drop the 'ㄹ' from the stem.

规则. 词根 'ㄹ' 在 'ㄴ' 'ㅂ' 'ㅅ' 之前需脱落。此时无需中间元音 '으'

동사 활용표 Conjugation Table for verbs 动词活用表

	-ㅂ니다/습니다 (서술)	-ㅂ니까/습니까 (의문)	-(으)십시오 (명령)	-아요/어요/여요 (서술, 청유)	-었/았/였습니다 (과거)
가다	갑니다	갑니까?	가십시오	가요	갔습니다
기다리다	기다립니다	기다립니까?	기다리십시오	기다려요	기다렸습니다
깨끗하다	깨끗합니다	깨끗합니까?		깨끗해요	깨끗했습니다
끝나다	끝납니다	끝납니까?		끝나요	끝났습니다
다니다	다닙니다	다닙니까?	다니십시오	다녀요	다녔습니다
닫다	닫습니다	닫습니까?	닫으십시오	닫아요	닫았습니다
뛰다	뜁니다	뜁니까?	뛰십시오	뛰어요	뛰었습니다
마시다	마십니다	마십니까?	드십시오	마셔요	마셨습니다
만나다	만납니다	만납니까?	만나십시오	만나요	만났습니다
많다	많습니다	많습니까?		많아요	많았습니다
맛없다	맛없습니다	맛없습니까?		맛없어요	맛없었습니다
맛있다	맛있습니다	맛있습니까?		맛있어요	맛있었습니다
맞다	맞습니다	맞습니까?		맞아요	맞았습니다
먹다	먹습니다	먹습니까?	드십시오	먹어요	먹었습니다
바꾸다	바꿉니다	바꿉니까?	바꾸십시오	바꿔요	바꿨습니다
보내다	보냅니다	보냅니까?	보내십시오	보내요	보냈습니다
보다	봅니다	봅니까?	보십시오	봐요	봤습니다
비싸다	비쌉니다	비쌉니까?		비싸요	비쌌습니다
사다	삽니다	삽니까?	사십시오	사요	샀습니다
소개하다	소개합니다	소개합니까?	소개하십시오	소개해요	소개했습니다
쉬다	쉽니다	쉽니까?	쉬십시오	쉬어요	쉬었습니다

-겠습니다 (의지)	-(으)세요 (명령, 존대)	-(으)십니다 (존대)	-(으)ㄹ 거예요 (의지, 추측)	-(으)ㄹ까요? (제안)
가겠습니다	가세요	가십니다	갈 거예요	갈까요?
기다리겠습니다	기다리세요	기다리십니다	기다릴 거예요	기다릴까요?
		깨끗하십니다	깨끗할 거예요	
끝나겠습니다	끝나세요	끝나십니다	끝날 거예요	
다니겠습니다	다니세요	다니십니다	다닐 거예요	다닐까요?
닫겠습니다	닫으세요	닫으십니다	닫을 거예요	닫을까요?
뛰겠습니다	뛰세요	뛰십니다	뛸 거예요	뛸까요?
마시겠습니다	드세요	드십니다	마실 거예요	마실까요?
만나겠습니다	만나세요	만나십니다	만날 거예요	만날까요?
	많으세요	많으십니다	많을 거예요	
			맛없을 거예요	
			맛있을 거예요	
맞겠습니다	맞으세요		맞을 거예요	
먹겠습니다	드세요	드십니다	먹을 거예요	먹을까요?
바꾸겠습니다	바꾸세요	바꾸십니다	바꿀 거예요	바꿀까요?
보내겠습니다	보내세요	보내십니다	보낼 거예요	보낼까요?
보겠습니다	보세요	보십니다	볼 거예요	볼까요?
			비쌀 거예요	
사겠습니다	사세요	사십니다	살 거예요	살까요?
소개하겠습니다	소개하세요	소개하십니다	소개할 거예요	소개할까요?
쉬겠습니다	쉬세요	쉬십니다	쉴 거예요	쉴까요?

	-ㅂ니다/습니다 (서술)	-ㅂ니까/습니까 (의문)	-(으)십시오 (명령)	-아요/어요/여요 (서술, 청유)	-었/았/였습니다 (과거)
신다	신습니다	신습니까?	신으십시오	신어요	신었습니다
싸다	쌉니다	쌉니까?		싸요	쌌습니다
씻다	씻습니다	씻습니까?	씻으십시오	씻어요	씻었습니다
아니다	아닙니다	아닙니까?		아니에요	아니었습니다
앉다	앉습니다	앉습니까?	앉으십시오	앉아요	앉았습니다
어떻다	어떻습니다	어떻습니까?		어때요?	
없다	없습니다	없습니까?		없어요?	없었습니다
오다	옵니다	옵니까?	오십시오	와요	왔습니다
운동하다	운동합니다	운동합니까?	운동하십시오	운동해요	운동했습니다
웃다	웃습니다	웃습니까?	웃으십시오	웃어요	웃었습니다
일어나다	일어납니다	일어납니까?	일어나십시오	일어나요	일어났습니다
읽다	읽습니다	읽습니까?	읽으십시오	읽어요	읽었습니다
입다	입습니다	입습니까?	입으십시오	입어요	입었습니다
있다	있습니다	있습니까?	계십시오	있어요	있었습니다
자다	잡니다	잡니까?	주무십시오	자요	잤습니다
작다	작습니다	작습니까?		작아요	작았습니다
전화하다	전화합니다	전화합니까?	전화하십시오	전화해요	전화했습니다
좋아하다	좋아합니다	좋아합니까?		좋아해요	좋아했습니다
주다	줍니다	줍니까?	주십시오	줘요	줬습니다
주문하다	주문합니다	주문합니까?	주문하십시오	주문해요	주문했습니다
질문하다	질문하다	질문합니까?	질문하십시오	질문해요	질문했습니다
편리하다	편리하다	편리합니까?		편리해요	편리했습니다
피우다	피웁니다	피웁니까?	피우십시오	피워요	피웠습니다
하다	합니다	합니까?	하십시오	해요	했습니다

-겠습니다 (의지)	-(으)세요 (명령, 존대)	-(으)십니다 (존대)	-(으)ㄹ 거예요 (의지, 추측)	-(으)ㄹ까요? (제안)
신겠습니다	신으세요	신으십니다	신을 거예요	신을까요?
			쌀 거예요	
씻겠습니다	씻으세요	씻으십니다	씻을 거예요	씻을까요?
			아닐 거예요	
앉겠습니다	앉으세요	앉으십니다	앉을 거예요	앉을까요?
		없으십니다	없을 거예요	
오겠습니다	오세요	오십니다	올 거예요	올까요?
운동하겠습니다	운동하세요	운동하십니다	운동할 거예요	운동할까요?
웃겠습니다	웃으세요	웃으십니다	웃을 거예요	웃을까요?
일어나겠습니다	일어나세요	일어나십니다	일어날 거예요	일어날까요?
읽겠습니다	읽으세요	읽으십니다	읽을 거예요	읽을까요?
입겠습니다	입으세요	입으십니다	입을 거예요	입을까요?
있겠습니다	계세요	계십니다	있을 거예요	있을까요?
자겠습니다	주무세요	주무십니다	잘 거예요	잘까요?
		작으십니다	작을 거예요	
전화하겠습니다	전화하세요	전화하십니다	전화할 거예요	전화할까요?
좋아하겠습니다	좋아하세요	좋아하십니다	좋아할 거예요	
주겠습니다	주세요	주십니다	줄 거예요	줄까요?
주문하겠습니다	주문하세요	주문하십니다	주문할 거예요	주문할까요?
질문하겠습니다	질문하세요	질문하십니다	질문할 거예요	질문할까요?
			편리할 거예요	
피우겠습니다	피우세요	피우십니다	피울 거예요	피울까요?
하겠습니다	하세요	하십니다	할 거예요	할까요?

불규칙 동사 활용표

		-ㅂ니다/습니다	-아요/어요/여요	-었/았/였습니다
'ㅂ' 불규칙 동사	맵다	맵습니다	매워요	매웠습니다
	싱겁다	싱겁습니다	싱거워요	싱거웠습니다
	반갑다	반갑습니다	반가워요	반가웠습니다
	고맙다	고맙습니다	고마워요	고마웠습니다
	무겁다	무겁습니다	무거워요	무거웠습니다
	가볍다	가볍습니다	가벼워요	가벼웠습니다
	춥다	춥습니다	추워요	추웠습니다
	덥다	덥습니다	더워요	더웠습니다
	어렵다	어렵습니다	어려워요	어려웠습니다
	쉽다	쉽습니다	쉬워요	쉬웠습니다
	아름답다	아름답습니다	아름다워요	아름다웠습니다
	* 돕다	돕습니다	도와요	도왔습니다
	* 곱다	곱습니다	고와요	고왔습니다
	** 입다	입습니다	입어요	입었습니다
	** 잡다	잡습니다	잡아요	잡았습니다
	** 좁다	좁습니다	좁아요	좁았습니다
'ㅡ' 탈락 동사	크다	큽니다	커요	컸습니다
	끄다	끕니다	꺼요	껐습니다
	쓰다	씁니다	써요	썼습니다
	예쁘다	예쁩니다	예뻐요	예뻤습니다
	기쁘다	기쁩니다	기뻐요	기뻤습니다

-(으)ㄹ 거예요	-지요?	-지만	-고
매울 거예요	맵지요?	맵지만	맵고
싱거울 거예요	싱겁지요?	싱겁지만	싱겁고
반가울 거예요	반갑지요?	반갑지만	반갑고
고마울 거예요	고맙지요?	고맙지만	고맙고
무거울 거예요	무겁지요?	무겁지만	무겁고
가벼울 거예요	가볍지요?	가볍지만	가볍고
추울 거예요	춥지요?	춥지만	춥고
더울 거예요	덥지요?	덥지만	덥고
어려울 거예요	어렵지요?	어렵지만	어렵고
쉬울 거예요	쉽지요?	쉽지만	쉽고
아름다울 거예요	아름답지요?	아름답지만	아름답고
도울 거예요	돕지요?	돕지만	돕고
고울 거예요	곱지요?	곱지만	곱고
입을 거예요	입지요?	입지만	입고
잡을 거예요	잡지요?	잡지만	잡고
좁을 거예요	좁지요?	좁지만	좁고
클 거예요	크지요?	크지만	크고
끌 거예요	끄지요?	끄지만	끄고
쓸 거예요	쓰지요?	쓰지만	쓰고
예쁠 거예요	예쁘지요?	예쁘지만	예쁘고
기쁠 거예요	기쁘지요?	기쁘지만	기쁘고

		-ㅂ니다/습니다	-아요/어요/여요	-었/았/였습니다
'_' 탈락 동사	바쁘다	바쁩니다	바빠요	바빴습니다
	아프다	아픕니다	아파요	아팠습니다
	나쁘다	나쁩니다	나빠요	나빴습니다
	고프다	고픕니다	고파요	고팠습니다
	따르다	따릅니다	따라요	따랐습니다
	슬프다	슬픕니다	슬퍼요	슬펐습니다
	모으다	모읍니다	모아요	모았습니다
'ㄹ' 탈락 동사	살다	삽니다	살아요	살았습니다
	울다	웁니다	울어요	울었습니다
	불다	붑니다	불어요	불었습니다
	날다	납니다	날아요	날았습니다
	달다	답니다	달아요	달았습니다
	걸다	겁니다	걸어요	걸었습니다
	알다	압니다	알아요	알았습니다
	팔다	팝니다	팔아요	팔았습니다
	말다	맙니다	말아요	말았습니다
	돌다	돕니다	돌아요	돌았습니다
	만들다	만듭니다	만들어요	만들었습니다

-(으)ㄹ 거예요	-지요?	-지만	-고
바쁠 거예요	바쁘지요?	바쁘지만	바쁘고
아플 거예요	아프지요?	아프지만	아프고
나쁠 거예요	나쁘지요?	나쁘지만	나쁘고
고플 거예요	고프지요?	고프지만	고프고
따를 거예요	따르지요?	따르지만	따르고
슬플 거예요	슬프지요?	슬프지만	슬프고
모을 거예요	모으지요?	모으지만	모으고
살 거예요	살지요?	살지만	살고
울 거예요	울지요?	울지만	울고
불 거예요	불지요?	불지만	불고
날 거예요	날지요?	날지만	날고
달 거예요	달지요?	달지만	달고
걸 거예요	걸지요?	걸지만	걸고
알 거예요	알지요?	알지만	알고
팔 거예요	팔지요?	팔지만	팔고
말 거예요	말지요?	말지만	말고
돌 거예요	돌지요?	돌지만	돌고
만들 거예요	만들지요?	만들지만	만들고

표현 색인 Expressions Glossary 关键句型索引

1과 인사

2과 위치

3과 물건 사기

4과 하루 일과

5과 생일

6과 음식

7과 가족

8과 전화 약속

어휘 색인 Vocabulary Glossary 词汇索引

나

다

바

아

차

카

문법 색인 Grammar Glossary 语法索引

메모 memo

메모 memo

메모 memo

메모 memo